황혼의 길목에서

김호찬 수필집

세종문화사

나의 발자취

저자 김호찬 수필가

◀부산대학교 상과대학 학사학위 받은 후

▼부산대학교 재학 시 가정교사 하던 때

◀부산대학교 상과대학 졸업 시 학사학위 받은 후 아버지와 동생과 함께

▼세무공무원 시절 낚시 취미 생활 속에서

▼나의 세례식 후

◀세무공무원 시절 고재일 국세청장으로부터 표창장 받다

◀경희대학교 경영대학원 석사학위 받은 후 아내와 처제, 큰아들과 함께

▼경희대학교 경영대학원 세무관리학과 야외 세미나에서 트로피 받다

▶경희대학교 경영대학원 세무관리학과 세미나에서 제자들과

◀ 나의 가족

▼ 사랑하는 나의 아내와 함께

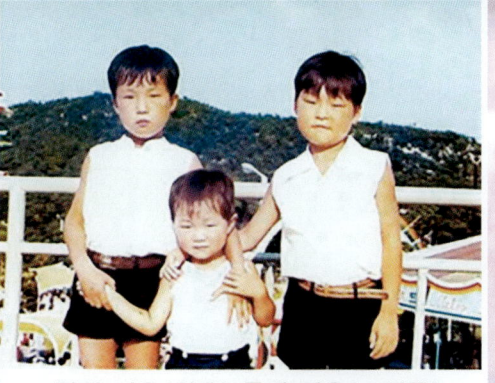

▲ 첫째 진욱(왼쪽) 둘째 진용(오른쪽) 셋째 진서(가운데) 세 아들의 어린 시절

▶ 2024년 박종화문학상 수상 후 아들, 손자들과 함께

◀2013년 문학신문 주최
문학상 시상식에서
한글문학상 수상

▼2014년 문학신문사 주최
문학상 시상식에서 세종문학상
수상 후 문학신문사 대표
이종기 시조 시인과 함께

▼2017년 문학신문사
주최 문학상 시상식
에서 최우수작가상
수상 후 수상 소감

▼2024년
박종화문학상 수상

▲2024년 박종화문학상 수상 후 소감

▲2024년 박종화문학상 수상 후 김호운 문협 이사장과 함께

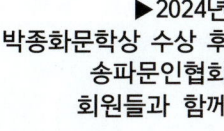
▲2024년 박종화문학상 수상 후 단체 기념사진

▶2024년 박종화문학상 수상 후 송파문인협회 회원들과 함께

◀2024년 박종화문학상 수상 후 지인들과 함께

▼2025년 문학신문사 문학연수원 장학증서 수여식 후 모인 문인들과 함께

▼월간문학 2025년 5월호 '이 시대의 창작의 산실'에 저자의 화보와 수필 작품 게재

▼집필 중에

저자의 말

힘들고 지치고 외로울 때도
날아갈 듯 기쁠 때도
함박웃음 속에 즐거웠던 때도
사랑하고 아끼고 돌볼 사람들과 함께했던
지나온 길 위의 내 자국들

뒤돌아보면 출구 모르는 미로를 헤맨 듯한데
지금에야 허리끈 헐렁하게 매고
하늘에 별이 떴는지 달이 떴는지
푸근하게 하늘도 올려다보고
옆에 있는 친구 얼굴도 바라보면서
팔베개 베고 누워도 마음이 급하지 않으니
이제 남은 길 천천히 즐기며 걸어갈까 한다.

내 걸어온 연한이 세 자리 숫자를 바라보는
길목에 선 지금
사랑하는 이들에게 들려줄
나의 이야기들을 여기 차곡차곡 담아내려고
가슴에 쌓여 있는 내 지난날들을
하나하나 불러낸다.

2025년 8월
김호찬

차례

나의 지나온 발자취 ·· 2
저자의 말 ·· 9

제1부 그리운 옛날이여

1. 소년의 봄날 ·· 14
2. 보리밭의 이삭줍기 ·· 17
3. 초등학교 동창회 ·· 21
4. 어린 날의 추석 ·· 24
5. 내 고향 ·· 28
6. 꽁보리밥 ·· 31

제2부 나의 가치관

1. 국가와 사회 ·· 38
2. 가족생활 ·· 42
3. 학교와 회사 생활 ·· 45
4. 눈물 ·· 48
5. 나라의 주인인 젊은이를 돕자 ·· 52

제3부 인생길에서

1. 장남의 의무를 다하자 ·· 56
2. 몽당연필 ·· 60
3. 갈림길에서 ·· 63
4. 배움에는 끝이 없다 ·· 68
5. 하잘것없는 인생 ·· 72

제4부 여자, 그대 이름은 위대하다

1. 이 세상에 여자가 없다면 ·· 76
2. 여자는 약하면서도 강하다 ·· ·· 79
3. 여자는 사랑이다 ·· 83
4. 고통을 숙명으로 생각한다 ·· 87
5. 여자는 베풀기만 한다 ·· 91
6. 여자가 혼자 남았을 때 ·· 95

제5부 그래도 이 세상은 살 만하구나

1. 시묘살이와 효성 ·· 90
2. 의협심 강한 사람들 ·· 105
3. 어린아이의 웃음 ·· 110
4. 죽음 앞에서도 비굴하지 않는 품위 ·· 113
5. 풍요의 계절이 있어 살 만하다 ·· 118

제6부 사랑 이야기

1. 어버이의 사랑 ·· 122
2. 언제나 베푸시는 부모님의 사랑 ·· 127
3. 할아버지의 손자 사랑 ·· 132
4. 엘리를 향한 나의 사랑 ·· 135
5. 부모에 대한 아들의 사랑 ·· 138
6. 코스모스와 나의 첫사랑 ·· 141
7. 할미꽃의 사랑 ·· 144

제7부 신앙과 나

1. 가톨릭 신자와의 결혼 ·· 148
2. 가톨릭 신자가 되다 ·· 152
3. 말씀의 초보적 이해 ·· 157
4. 신앙인의 삶 ·· 163

제8부 나의 꿈

1. 아지랑이 피어오르는 봄날에 ·· 168
2. 골목대장의 꿈은 버리자 ·· 172
3. 교훈이 될 글을 쓰고 싶었다 ·· 175
4. 이웃을 행복하게 해 주는 글을 쓰고 싶었다 ·· 178

제9부 인성교육이 시급하다

1. 인성이란 무엇인가 ·· 184
2. 인성교육 진흥법 ·· 188
3. 인성교육의 문제점 ·· 191
4. 인성교육 강사의 자세 ·· 194
5. 인성교육 핵심 가치와 교육 방법 ·· 196
6. 철부지로 돌아가고 싶다 ·· 201
7. 주둥아리 ·· 205
8. 회초리 ·· 208

제10부 우리가 살아가자면

1. 신의를 지키고 정직하자 ·· 212
2. 의무를 다 하자 ·· 215
3. 봉사와 자선을 행하자 ·· 218
4. 부지런하자 ·· 221
5. 공익을 먼저 생각하자 ·· 224
6. 후회 없는 인간관계를 가지자 ·· 227
7. 내 속의 미움을 접자 ·· 232
8. 어른다운 어른이 되자 ·· 235

나의 애송시 ·· 240
김호찬 연보 ·· 260
家系圖 ·· 262

제1부
그리운 옛날이여

1. 소년의 봄날
2. 보리밭의 이삭줍기
3. 초등학교 동창회
4. 어린 날의 추석
5. 내 고향
6. 꽁보리밥

1. 소년의 봄날

　봄 아지랑이 아른거리는 봄날 소에게 풀을 먹이다가 깊은 상념에 사로잡힌다. 그 사이에 소는 풀은 먹지 않고 자라는 곡식을 훔쳐 먹는다.
　저녁을 먹고 여름 밤하늘에 담긴 수많은 별을 보며 먼 앞날을 생각한다.
　겨울철 햇볕 따뜻한 날 학교 화단 옆에 앉아 볕을 쬐며 먼 하늘을 바라보며 생각한다.

　나는 무엇이 될까.
　대통령이 될까.
　사장이 될까.
　대학교수가 될까.
　자선사업가가 될까.

　이 모든 꿈이 이루어질 수 없는 나의 희망에 불과할까?
　꿈이 이루어지려면 열심히 공부해야 할 것 같다.
　하지만 내 꿈을 이루자면, 아버지께서 뒷받침해 주셔야 하는데, 지금 형편에서는 아버지의 힘에 부치는 일이다.

나의 꿈은 이루어질 수 없는 헛꿈일까. 번민 속에 시간이 흐른다.

꿈은 꿈에 그칠 것인지 이루어질 것인지를 반신반의하면서도 나의 꿈이 활짝 피어날 수 있도록 하늘을 우러러보며 간절히 빌었다.

하늘에는 구름이 잔뜩 끼어 뇌성을 치며 비가 내린다.
비는 두 얼굴을 지니고 있는 것 같다.
가문 논밭에 농부의 마음을 흡족하게 해 주는 봄비.
심한 가뭄에 논밭이 갈라져 벼가 타들어 가고 먹을 물까지 부족할 때 가뭄을 해소하는 여름 소나기.
오랜 가뭄으로 물을 기다리는 밭농사에 촉촉이 영양을 공급해 주는 가을의 단비.
그러나 여름철 장마에 너무 많은 비가 쏟아져 산사태가 나고 도로가 유실되고 농작물이 물에 잠기고 생명이 희생되는 폭우는 끔찍한 악마이고 허락 없이 가져가는 강도 같다.
비는 넘치게 내리지만 않으면, 이 세상의 생명을 키우는 어머니이고, 나를 아름다운 추억 속에 잠기게 하는 낭만 전도사이기도 하다.

초등학교 시절 마루 끝에 앉아서 지붕에서 떨어지는 낙숫물 소리를 들으며 미래 나의 꿈을 막연히 그려보았고, 중학교 시절 비 오는 날 논두렁에서 비에 젖은 풀을 맛있게 뜯어 먹는 소의 모습을 보면서, 이 소가 무럭무럭 자라 큰 소가 되었을 때 논을 가는 도구로 짐을 나르는 도구로 쓰이다가 결국은 도살장으로 가게 되겠지. 소의 꿈은 인간에게 모든 것을 바치는 것이었을까. 그것이 소에게 최선이었을까 하는 생각을 하면서, 소처럼 모든 것을 바쳐서 희생할 수 있는 위대한 무엇을 만난다면 그것은 어쩌면 행운인지도 모르겠다고 생각하기도 했다.

성인이 되어 도시 생활을 할 때도 지붕에서 떨어지는 낙숫물을 보면서 낙숫물이 오랜 세월 계속 떨어져 돌에 구멍을 내듯이 쉬지 않고 꾸준히 내 꿈을 향해 나아가면 언젠가는 내 꿈의 빗장에 구멍을 뚫어 빗장을 풀고 꿈의 문으로 들어갈 수 있다는 희망을 가지게 되었다.
그러나 바쁜 도시 생활 속에서 부양가족을 거느린 가장이면서 칠 남매의 장남인 나는 부모님과 형제자매들을 도와야 한다는 책임감이 늘 내 어깨를 무겁게 누르고 있어서 비의 가르침을 잊기도 했었다.

어릴 때 비 오는 날 군불을 땐 따뜻한 아랫목에서 빗소리를 들으며 나의 꿈을 설계하던 생각이 비 내리는 오늘 내 가슴속으로 밀려들어 지금 나는 어릴 때의 꿈을 얼마큼 이루었는지 뒤돌아보게 한다.

2. 보리밭의 이삭줍기

　지금부터 육, 칠십 년 전만 해도 우리나라 국민의 대부분은 배불리 먹지도 못하고, 제대로 입지도 못하고, 잠자고 쉴 곳도 아예 없거나 좁고 불편한 곳에서 지냈었다. 그렇게 살았다는 것은 가진 것이 없거나 적어서 그럴 수밖에 없었기 때문이다. 한마디로 말하자면, 가난하게 살았다는 말이다.

　가난이란 의식주 면에서 매우 쪼들리거나 넉넉하지 못한 것으로 이 가난은 구제 방법이 어려워 나라님도 못 한다는 속담이 있고, 가난하기 때문에 고통을 당하게 되니 가난이 원수 같다는 속담도 있으며, 가난한 양반이 볍씨를 털어먹자니 앞날이 걱정스럽고 그냥 두자니 당장 굶는 일이 걱정되어서 볍씨만 한없이 주무르고 있다는 "가난한 양반 씻나락 주무르듯 한다."는 속담도 있고, "가난한 집 신주 굶듯 한다."라는 속담도 있다. 이것은 가난한 집에서는 산 사람도 배를 곯는 형편이므로 신주까지도 제사 음식을 제대로 받아 보지 못하게 된다는 뜻으로, 줄곧 굶기만 한다는 말이다. 제사 말이 나왔으니 말인데, 가난한 형편에 먹을 것도 부족한데, 돈이 많이 드는 대소사가 닥치는 것이 괴롭기만 하여

"가난한 집 제삿날 돌아오듯"이란 속담도 있다. 이런 속담은 실제 생활에서 나온 말들로 가난해서 느끼는 서러운 말이다.

이런 가난한 삶들이 끊임없이 이어졌던 1940년대와 1950년대의 한국은 일본의 식민 통치 아래 억눌려 있다가 광복을 맞이했지만, 육이오 한국전쟁이 일어나 처참하게 파괴된 폐허 위에서 살아가야만 했다. 특히 먹을거리를 생산하는 우리나라 농촌의 실정을 보면, 농작물을 잘 자라게 할 비료도 없었고 병충해 방지를 위한 살충제도 없었다. 그래서 농작물의 해충인 벼멸구를 제거하려면 무논에 석유를 뿌려 벼멸구가 떨어져 무논에 빠지게 하여 죽이는 아주 초보적인 살충 방법 정도가 있을 뿐이었다. 김매기는 일일이 사람의 손으로 세 번 이상 하면서 곡식을 자라게 하였다.
보리농사는 벼를 수확한 논이나 밭에 소가 끄는 쟁기로 골을 만들고 그 골에다 퇴비를 뿌리고 그 위에 씨앗을 뿌려 흙으로 덮는 것으로 가을보리 파종이 끝난다. 된추위가 오기 전까지 보리밭 골에 파릇파릇 보리 싹이 돋아나면 보리밭을 밟아 주고 봄이 되어 몇 번 김매기를 하다 보면 초여름이 되고 보리가 싹이 피어 영글기 시작하여 덥디더운 한여름에 모두 익게 되어 수확하게 된다. 보리 수확은 보리를 베어서 타작마당으로 운반하여 도리깨질로 탈곡한 후 보리 낟알과 보리 까끄라기 먼지 등을 분리하기 위해 풍구나 돗자리를 이용하여 바람질을 하게 된다. 벼나 보리 따위의 낟알 겉껍질에 붙어 있는 수염은 농부가 낫으로 베거나 지게에 얹어 지고 갈 때, 타작마당에서 벼의 낟알을 분리하는 홀캐

질이나 보리 낟알을 터는 도리깨질을 할 때 농부의 몸에 붙어 견디기 힘들 정도로 깔끄럽고 피부를 간지럽게 한다.

또 낫으로 보리나 벼를 베다 보면 땅에 떨어지는 이삭이 있게 마련인데 사람이 일일이 손으로 줍지 않으면 버리게 된다. 농부가 더위를 무릅쓰고 땀 흘려 지은 곡식을 그냥 버린다는 것은 하느님께 죄를 짓는 것 같고, 아까워서 보리밭을 샅샅이 살펴서 하나하나 빠짐없이 주웠다.
 이러한 이삭줍기는 대게 어른들이 하시지 않고 초등학교 학생 정도의 아이들 몫이었다. 태양이 뜨겁게 내리쬐는 여름에도 그 더위를 견디면서 밭골을 빠짐없이 걸으며 이삭을 줍는다. 내가 초등학생일 때도 물론 이삭줍기를 했다. 이때 한 골이라도 지나쳐 버린 것을 아버지께서 아시게 되면 크게 꾸중 들을 각오를 해야 했다. 만약 두서너 밭골을 슬쩍 건너뛰면 이삭 줍는 일이 그만큼 빨리 끝날 수 있었을 텐데 그렇게 못 한 것은 아버지의 꾸중이 겁나서이기도 하지만, 나의 양심상 그리고 성격상 어른을 속이고 보리 이삭을 줍지 않는 행위는 할 수 없었다.

 요즈음 농촌에서는 이삭 줍는 모습을 볼 수가 없다. 그것은 벼나 보리의 심는 일부터 거두어들이는 일까지 대부분 기계화되어 떨어지는 이삭이 그리 많지 않다는 이유도 있지만, 농촌의 일손 부족과 높은 인건비 때문에 줍는 이삭의 값보다 인건비가 훨씬 비싸므로 이삭 줍는 모습은 우리 농촌에서 사라지게 되었다. 너무나 빠르게 변하는 세월에 맞추어 인간의 생활방식이 급격히 변하고 있음을 느끼면서 앞으로 오십 년 백 년 후에는 우리 인간이 어떤 생활 방식으로 살고 있을지 상상하기 어렵다. 그때는 땅에서 생산되는 보리가 아니라 보리 분자를 공기 중에서 뽑아 합성하여 만든 인공 보리를 먹고 살는지도 모르겠다.

그러나 전지전능하신 하느님께서 이 세상을 창조하시고 인간을 창조하실 때 온갖 동식물과 과일을 만드셨다. 그중 선악과가 있었고, 그 선악과를 먹지 말라고 하신 하느님의 명령을 어기고 선악과를 따 먹은 인간의 원죄로 인해, 우리 인간은 땅에 식물을 심고 동물을 길러 먹을 것을 구하여 생명을 이어 가야 했다. 이 진리는 앞으로도 변함이 없을 것이다. 그래서 먼 훗날에도 땅에 보리를 심어 그 열매를 먹겠지만, 보리 이삭을 줍는다거나 지게에 보리를 지고 운반하는 일은 없을지도 모른다. 그것은 우리 인간이 살아가는 수단이 부단히 진화하기 때문이다.

내가 초등학교 시절 어른들께서 보리를 낫으로 벤 후 그 뒤를 밟으며 한여름 뜨거운 뙤약볕에서 땀을 흘린 고단한 이삭줍기가 나에게는 어려움을 참고 견디는 힘을 주었고, 곡식을 거두어 생계에 작은 보탬이라도 되었다는 보람과 함께 부모님 말씀에 순종하였다는 효도 실천의 뿌듯함도 갖게 하였다. 어린 날의 이런 일이 내가 오늘날 무사히 살아갈 힘을 기르게 한 좋은 스승이 되었고, 보리밭의 이삭줍기는 칠십여 년이 지난 지금에도 내 머리에 생생히 남아 있어 지금 아이들은 경험하지 못하는 어느 보석보다도 귀하고 아름다운 고달픈 낭만이 흐르는 나만의 아름다운 추억으로 살아 있다.

3. 초등학교 동창회

　초등학교 동창회가 열린다고 통보가 왔다. 동창회 장소는 고향 진례가 될 때도 있고 전국의 유명지에서 관광을 겸해 모일 때도 있다. 올해는 장마가 막 끝난 불볕더위 아래 고향 진례의 평지마을 산골짜기 음식점에서 모인단다.

　열흘 전쯤 총무로부터 동창회 날짜와 장소가 통보되어 왔기에 서울에 있는 동창들과 의논하여 KTX 열차로 내려가 동창회에 참석하고 그다음 날 상경하기로 하였다.
　오늘도 33도를 넘나드는 불볕더위 속에서 여름에 개도 걸리지 않는다는 감기 때문에 병원에 다녀와서는 서늘한 사무실 에어컨 밑에서 어린 날의 초등학교 동창생들과 고향을 생각해 본다.
　고향집 장독대 옆에 예쁘게 피었던 나리꽃, 뒷산에서 소 먹이며 풀 베던 일, 모심기 때 못줄을 잡다가 무자수(물뱀)에게 놀랐던 일, 거머리에 물려 겁을 먹고 떼어 냈던 일, 여름 가뭄으로 타들어 가던 논에 물을 퍼 올렸던 일, 보리타작 때 보리수염이 옷에 들어가 맨살을 찔러서 못 견디게 했던 일, 오후 3시쯤 고동(대나무를 비스듬히 베고 토막을 내어 손가락에 끼고 볏논에 풀을 매던 기구)을 끼고 논매기를 하기 전에 솔밭에서 낮잠을 즐겼던 일, 밀짚모자 쓰고 논에 나가 김을 매고 온 얼굴이 벼 잎에 할퀴어 상처가 났던 일, 저녁에 시원한 물이 솟아오르는 웅덩이에서 친구들과 멱 감던 일들이 지금은 아름다운 추억이 되어 아무리 회상하여도 아쉽고 예쁘기만 하다.

초등학교 시절엔 담임 선생님의 수업에 열심히 귀 기울여 배웠고, 공부 잘하는 친구들보다 앞서겠다고 선의의 경쟁을 하였다.

겨울 점심시간에는 난로 위에 친구들의 도시락이 층층이 올려져 있었고. 점심 식사 후에는 김치 냄새 등이 교실에 배어 있었으나, 담임 선생님은 아무 말씀도 아무 불평도 하시지 않고 수업을 하셨다.

음악 시험 때는 교실 교단에 올라가 천정을 쳐다보면서 노래를 불렀던 일, 가을운동회 때가 되면 달리기를 잘하지 못했던 나는 항상 마음이 불안하여 빨리 운동회 날이 지나가기를 하느님께 빌었던 일, 학교 화단에 심어 놓은 꽃들을 가꾸던 일이 지금도 새록새록 떠오른다.

친한 친구 몇이서 서로의 집을 오가며 하룻밤을 지새우고는 친구 부모님에게 "고맙습니다!" 하고 인사했던 일도 지금 생각하니 아름다운 추억이 되었다

부끄러움이 많았던 나는 초등학교 때는 여학생에게 말도 붙이지 못하였다. 그러나 노년에 이르러서는 초등학교 여자 동창생을 대할 때 부끄러움도 없어지고 초등학교를 졸업하

였건 대학을 졸업하였건 학벌은 아무 문제가 되지 않았고, 현재 재산이 많고 적음도 아무런 문제가 되지 않는다. 오직 친구니까 그리울 따름이다.

　고향과 친구들과의 추억이 그립다.
　그리움은 아름다움으로 남는다.
　그리움의 아름다움은 세월이 쌓여서 만들어지는 사랑의 꽃이다.

4. 어린 날의 추석

초등학교 시절엔 애타게 추석을 기다렸다. 추석에는 어른들이 아이들에게 일을 시키지 않았다. 동네 아이들과 하루 종일 놀아도 어른들이 나무라지 않았다. 아이들은 두 나무에 걸쳐서 줄을 매어 간이그네를 만들어 타고, 자치기도 하고, 땅따먹기, 구슬치기도 했다. 어둠이 깔리는 저녁에는 구역을 정해 놓고 숨바꼭질을 했다. 이때 구역을 넓게 정해 놓으면 술래가 무척 고생을 했다.

추석에는 햇과일과 햇곡식으로 돌아가신 조상님께 감사의 인사를 올리는 차례를 지냈다. 차례는 고조부모님을 모시는 팔촌 형님네 집에서부터 증조부모님을 모시는 육촌 형님네 집으로, 조부모님을 모시는 사촌 형님네 집으로, 그리고 부모님을 모시는 순으로 자리를 옮겨 가며 지냈다. 몇 군데서 차례를 모시는 동안 차례상에 놓인 술이나 음식을 나누어 먹는 음복을 하다 보면 배고팠던 아이들의 배는 반쯤 찬다. 아이들은 음복 때 술은 먹지 않았고, 과일이나 떡을 먹었다. 몇 집을 돌며 차례를 모시게 되어 오전을 훨씬 넘어 점심때쯤 차례를 마치고는 여러 제관들과 함께 주로 비빔밥에 생선 반찬으로 식사를 했다. 비빔밥은 차례를 위해 준비한 여러 가지 나물을 넣어 비빈 것이었다.

나의 어린 시절은 매우 가난했다. 특별한 날이 아니면 쌀밥을 먹을 수 없어서 명절 차례나 조상님 제사를 지낼 때나 생일에는 쌀밥을 먹을 수 있었다. 또 추석 등 명절에는 부모님께서 새 옷 한 벌과 새 양말 한 켤레 정도를 사 주셨다. 그때는 일을 하는 머슴에게도 새 옷을 사 입히는 관습이 있었다. 가난한 살림살이에도 명절 때 새 옷을 한 벌쯤 사 주는 것은 어른의 의무요, 전통이었다. 그러니 추석이 아이들에게는 얼마나 신나고 즐거운 날이었겠는가?

아이들은 즐거움 가득한 추석을 손가락을 꼽으며 기다렸다. 그러나 추석은 빨리 다가오지 않았다. 결국 뜨거운 햇볕이 내리쬐는 늦여름이나 초가을에 콩이나 깨를 심어 놓은 밭에서 김을 매거나 소를 먹이거나 소꼴을 뜯고 학교 선생님이 주신 숙제를 다 마치고는 그날 밤을 자야 겨우 하루가 지나가고 추석이 하루 당겨진다.

추석 때 이삼일을 놀기 위해서는 미리 해야 할 일이 많았다. 산이나 들에 소를 몰고 나가 풀을 먹이며 소꼴을 뜯어 추석 때 쉬는 동안 집에서 소에게 먹일 소먹이를 미리 준비해야 했다. 초가을의 뜨거운 햇볕 아래에서 소꼴을 베는 일은 덥고 힘든 일이지만, 추석을 준비하는 일이므로 소꼴을 바지게에 가득 담고 집으로 오는 발걸음은 가볍고 즐거웠다. 밀린 숙제와 예습도 열심히 하여 추석 때 놀아도 공부에 지장이 없도록 했다. 아버님 어머님의 심부름이나 말씀도 더 잘 들으면서 추석을 기다렸다. 한없는 기쁨과 희망을 줄 추석이기에 준비하는 동안은 고되지도 지루하지도 않고 즐거웠다. 추석이 일주일 정도 남았을 때는 정말 시간이 느리게 갔다. 그러나 이삼일 정도 남았을 땐 무척 시간이 빨리 흘러가는 것 같았다. 추석 전의 준비로 바쁘게 움직여야 해서 그런 것 같다.

추석이 되면 소먹이며 소꼴 뜯는 아이들의 일은 중지되고 그 대신 어른들께서 쇠죽을 끓여 집에서 소를 먹였다. 또한 어른들께서는 공부하지 않는다고 나무라지도 않고, 심부름도 시키지 않았다. 그리고 며칠 전 시장에서 사 온 새 옷을 내주며 입으라고 했다. 이 얼마나 신나는 일인가? 새 옷을 갈아입고 어른들을 따라 큰댁으로 차례 지내러 갔다. 몇 군데 친척집을 들러 차례를 지내고 끝이 나면, 그때부터 아이들의 세상이었다. 이웃 친구들도 동네 놀이터에 하나둘씩 모여들다가 온 동네 아이들이 모여들면, 사내아이들은 편을 갈라 여러 가지 놀이를 했다. 어느 짓궂은 아이는 고무줄넘기 하는 여자아이들에게 방해를 하고, 심할 때는 고무줄을 끊어 놓기도 했다. 여자아이들은 거세게 항의하기도 하고 울기도 했다.

어느덧 해가 뉘엿뉘엿 서산으로 넘어갈 때까지도 아이들은 노는 데 푹 빠져서 집으로 가려고 하지 않았다. 어머님이 밥 먹으러 오라고 부르면 그때야 아쉬운 듯 각자 집으로 가서 저녁을 먹었다. 저녁밥도 쌀밥이었다. 다음 날까지도 아이들의 즐거움은 계속되었다. 그러나 그 즐거움은 어제와는 달랐다. 내일이면 학교에 가야 하고 소도 먹여야 하며 소꼴도 뜯어야 하기 때문이다. 그리고 쌀밥은 다시 보리밥으로 변하면서 평소의 가난과 바쁜 일상에 익숙해져야 했다.

드디어 추석 다음 날도 지났다. 일상생활이 추석 전으로 돌아갔다. 아이들은 마음 한 구석이 텅 빈 채 아쉬움만 남았다. 다음 명절인 설날까지는 많은 날이 남았고, 내년에 올 추석은 멀기만 했다.

그러나 즐거운 추석이 지난 아쉬움은 곧 다음에 올 설날과 내년의 추석을 기다리는 희망으로 바뀌었다. 기다림은 희망이요 즐거움이었다. 그래서 아이들은 다가올 설날과 추석을 기다리면서 즐겁게 뛰어놀고 소 먹이고 공부하며 보리밥도 불평 없이 먹고들 했다.

아이들에게는 손가락으로 날짜를 꼽아 추석을 기다릴 때가 더 희망적이고 즐거운 시간이었다. 명절이 지나고 나면 그만큼 아쉬움도 컸기 때문이다.

즐거움을 기다리고 맞이하는 것, 그리고 즐거움이 지나간 뒤의 아쉬움은 톱니바퀴처럼 물려 돌아가는 우리의 삶이니까.

5. 내 고향

　내 고향 동네는 바다와 떨어져 있어서 고향에 있었을 때는 배를 타 본 적도 없고, 바닷물고기는 잡을 수 없었다. 지금도 배 타는 일은 두렵기만 하다. 우리 동네는 사방이 산으로 둘러싸인 분지 속에 있어서 흐르는 물이 맑고 공기도 맑아 사람 살기에 좋은 환경이었다. 분지 속 평지에 농토가 있어 웬만큼 농사를 지으면 밥 먹는 것은 걱정하지 않아도 되었다.
　그러나 농토를 많이 소유한 집은 동네에서 한두 집뿐이었고 대부분 농가들은 몇 마지기의 논밭을 가지고 근근이 입에 풀칠을 하며 가난하게 살았다. 불을 밝히는 전기도 육십 년대 후반에 들어올 정도로 후진 산촌이었다. 그런데도 지금은 내 고향의 그 맑은 물과 공기가 그립고 과거의 가난이 부끄럽지 않다. 그것은 내가 태어나고 자라고 친구들과 뛰어놀던 고향이기 때문이다.

　동네 저수지 아래부터 시작한 개천이 점점 넓어져 강에 이르기까지는 상당히 넓은 하천이 된다. 개천을 따라 내려오다 보면 군데군데 돌로 쌓은 층계가 있고 그 층계 아래에

땅바닥이 파이고 물이 깊어진 소나 웅덩이가 있는데 그런 곳에 고기가 많았다. 물을 퍼내어 거의 없어질 무렵 웅덩이 안에서 놀던 물고기를 잡아 광주리에 넣는다. 붕어, 송어, 미꾸라지, 빠가사리, 잡어 등의 물고기가 있었다. 재수 좋은 날에는 민물참게도 돌 틈에서 기어 나와 잡혔다. 이러한 물고기는 가난했던 그 시절에는 영양가 있는 좋은 반찬거리였으며, 민물참게는 게장으로 담그지 않고 그냥 끓여 먹어도 무척 맛있었다.

물고기를 잡을 때 웅덩이 물을 퍼내는 방법 외에도 소쿠리를 앞에 대놓고 발로 물풀들을 차며 물풀 속에서 놀고 있던 물고기를 소쿠리로 몰아서 담아 올리는 방법을 쓰기도 했다. 이때 어떤 물풀은 독성이 강하여 발이나 다리에 스치면 상처가 생기기도 했지만, 고기 잡는 재미에 푹 빠져 아픈 줄도 몰랐다. 또한 흐르는 물에 통발을 장치하고 이튿날 통발을 올리면 꽤 여러 종류의 물고기가 통발 밑에 놓아둔 그릇에 소복이 채워져 있기도 했다.

요즈음 고향에 가 보면 물고기도 옛날같이 없고 물고기 잡는 사람도 보이지 않는다. 농촌에서 농사를 짓는 데 퇴비보다는 화학비료를 사용하고 농약을 많이 사용하기 때문에 물고기가 살 수 있는 환경이 못 되고, 옛날에 흐르던 개천도 말라 물고기가 살 수도 없다. 또한 농가 소득이 높아져 옛날 내가 겪었던 어린 시절의 배고픔이 없으므로 물고기를 잡으려 하지 않는다. 내가 어릴 적 물고기를 잡던 그 시절은 비록 가난하였으나 먹고 살기 위해 물고기를 잡는 것은 아니었다. 물고기를 잡는 사실 자체가 소박한 낭만이었다.

　오늘날 환경 파괴의 대표적인 원인은 농약 사용이며, 농사를 짓는 데도 퇴비만으로는 소출이 적어 생산성이 없으므로 수지가 맞지 않는다고 한다. 해서 화학비료의 사용은 늘어나고 땅은 점점 그 힘을 잃어 가고 있다.
　또 우리의 고향이 공장 지역으로 도시로 개발되고 있다. 공장 부지 사용의 확대나 팽창하는 도시화와 더욱 편리한 교통을 위한 도로의 확대 등은 현대 산업 발전을 위해 불가피한 일이기는 하나 환경보존의 조화 속에 현대화가 진행되었으면 한다.

6. 꽁보리밥

　1950년대 후반 우리는 모두 가난했다. 그 가난의 척도는 식사 때 밥이 쌀밥이냐 보리밥이냐다. 쌀밥을 먹는 이는 부자이거나 부잣집 자녀이고 보리밥이나 보리죽을 먹는 이는 가난한 이거나 가난한 이의 자녀였다. 고등학교 2학년 때 쌀이 하나도 섞이지 않은 꽁보리밥을 도시락으로 싸 가기가 부끄러워 점심을 굶고 학교에 다녔다. 도시락을 싸 주시던 외숙모님께서 장티푸스로 장기간 병석에 누워 계셨기에 집안일을 내가 해야 했다. 외삼촌 살림도 넉넉지 않아 한 번 삶은 보리쌀에 약간의 쌀을 넣어 밥을 지어 사촌들과 어른들의 밥상에 쌀 섞인 밥을 올리다 보면 나의 식사와 점심 도시락은 꽁보리밥만 남게 되었다. 반찬도 만들 줄 몰라 김치와 콩나물국뿐이어서 학교에 도시락을 싸 가기가 싫었다. 물론 환자인 외숙모님은 시장에서 사 온 녹두로 죽을 쑤어 드시게 하였고 보리차도 끓여 드려 열이 내리도록 하였다.

　그렇게 몇 개월을 지내다 보니 학교 수업을 하는데 칠판 글씨가 아른거리고 속이 메슥메슥하면서 어지러워 견딜 수가 없었다. 결국 급우 곁에 쓰러지고 말았는데 그 모습에 놀란 급우들이 나를 업고 양호실을 향해 뛰었다. 급우의 등에 업혀 양호실로 향하던 중 나는 교실 복도에 아침에 먹은 음식물을 모두 토했다. 토사물은 보리밥과 콩나물뿐이었다. 조퇴 후 집으로 와서 한참을 누워 있고서야 비로소 정신이 들어 일어날 수 있었다. 그런 일이 있고 난 후 약 한 달이 지나 또 한 번의 어지러움과 구역질이 일어났다. 이번에도 토한 음식물은 콩나물과 꽁보리밥이었다.

두 번째 소동은 첫 번째보다 훨씬 심각하여 집에 와서 여러 시간 누워 있어도 몸이 회복되지 않았다. 이러다 죽는 게 아닐까 싶을 정도로 기운이 없었다. 그런 내 모습을 본 이웃 아주머니께서 영양실조 때문이라며 당장 푸줏간에 가서 외상으로 약간의 고기를 사와 나에게 죽을 끓여 주셨다. 아주머니가 끓여 주신 죽을 먹은 지 약 1시간 후 거짓말처럼 내 몸은 회복되었고 다음 날 학교에도 결석하지 않을 수 있었다. 아주머니는 시집온 지 얼마 되지 않은 새댁이었고 수중에 돈도 없었을 터인데 어떻게 고깃값을 치렀는지 지금도 알 수가 없다. 내가 대학에 진학한 뒤 나의 거처가 옮겨지면서 아주머님도 자연히 볼 수 없게 되었다. 내 일생에서 잊을 수 없는 은인 중 한 분이셨다. 그분이 지금 살아 계시는지, 아직 살아 계신다면 어디서 살고 계시는지 정말 만나 뵙고 싶다. 한 번이라도 뵙고 내게 베풀어 준 은혜에 조금이라도 보답하고 싶다.

영양실조로 두 번이나 쓰러진 나를 담임이신 김동녕 선생님께서 불러 조심스럽게 형편을 물으셨다.

"저는 가난한 농부의 아들로 태어나 고등학교에 진학할 형편이 되지 않았지만, 외삼촌께서 숙식을 책임지시겠다는 약속을 믿고 본교에 입학하게 되었습니다. 그런데 외삼촌께서 하시는 사업도 잘되지 않고 해서 형편이 어려운 데다 외삼촌께서 큰 수술을 하셔서 큰돈을 쓰게 되었고, 현재 외숙모님께서 편찮으셔서 누워 계시며, 그 병이 전염성이 강해서 살림을 도와줄 분도 계시지 않아 제가 집안일을 하면서 학교에 다니고 있고, 공부 경쟁에서 지지 않으려고 밤 2시까지 공부하고 있어 수면도 부족한 상태입니다. 저의 아버지께서 매달 수업료를 보내시는데 거의 빚을 내다시피 하고 있습니다."

"형편이 그렇게 어려웠으면 진즉 나에게라도 얘기를 했어야지."

담임 선생님께서는 나에게 학생증을 달라고 하셨다. 그 당시 학생증 앞면에는 사진과 성명, 학년, 본교 학생임을 증명하는 문구와 교장 선생님의 직인이 있었고, 뒷면에는 1월부터 12월까지 빈칸이 있어 학생이 수업료를 매달 납입하게 되면 학교 서무과에서 해당 월에 수납 도장을 찍어 주게 되어 있었다. 즉 학생증은 영수증의 역할도 겸하고 있었다. 며칠 뒤 담임 선생님께서 나의 학생증을 돌려주셨는데, 뒷면 수업료 수납인 표시란에 '수업료 전액 면제'라는 고무인이 찍혀 있었다. 담임 선생님께서 교장, 교감 선생님과 상의하여 가정형편과 학교 성적을 감안하여 학교 규정에 의해 내린 결정이었다. 가정적으로 가장 어려웠던 시기에 이를 악물고 밤늦게까지 공부한 결과 나는 전교에서 우수한 학교 성적을 유지하고 있었으므로 어려운 가정형편을 알게 된 학교 측에서 나의 성적을 감안하여 배려해 준 것이다. 수업료 전액 면제 혜택은 졸업할 때까지 계속되었다. 담임이셨던 김동녕 선생님은 나에게 은인이었고 구세주 같은 분이셨다.

3학년 담임 선생님이신 길창순 선생님께서도 나에게 무척 관심을 가지고 잘해 주셨다. 그때도 어지럼 증상이 발생하였으나 외숙모님이 쾌유된 후라 내가 집안일에서 가벼워졌기 때문에 무사히 지나갈 수 있었다.

내가 쓰러졌을 때 나를 부축하여 양호실로 옮겨 준 급우와 나를 집에까지 부축하여 데려다준 급우들에게 지면을 빌려 참으로 고마웠다고 인사드린다.

이와 같이 수업료 전액 면제라는 혜택이 주어진 동기는 내가 먹었던 보리밥이었다. 보리밥, 특히 보리쌀로만 지은 꽁보리밥은 가난을 상징하는 바로미터였다. 하얀 쌀밥만 먹을 수 있는 사람은 부유층이어서 농사를 많이 지어 대농에 속하거나 사업이나 장사를 잘하여 돈을 많이 버는 사람들이거나 고급관료나 고급 샐러리맨들뿐이었다. 또한 쌀과 보리쌀이 반반씩 섞인 밥은 아주 가난하지도 않으면서 아주 부자도 아닌 중간계층의 사람들이었으며, 보리쌀만으로 지은 꽁보리밥을 먹는다는 것은 아주 가난한 계층임을 증명했다. 그들은 대부분 자식을 학교에 보내지도 못하고 자신은 물론 자식들까지 부잣집에 들어가 머슴살이를 하거나 식모살이를 할 수밖에 없었다. 나중에 산업이 발전하면서 도시에 생긴 공장에서 공원으로 일하는 사람들이기도 했다. 최하층 계층보다 조금 나은 사람들은 쌀을 수확하는 가을부터 겨울까지는 보리쌀과 쌀을 섞어 밥을 짓고 그 이듬해 보릿고개에는 꽁보리밥을 먹었다.

요즈음은 세상이 좋아져 쌀밥만 먹으면 몸에 좋지 않다고 하니까 보리를 섞어 먹거나 별미로 된장찌개와 함께 꽁보리밥에 쌈을 싸서 먹는 일은 있지만, 가난해서 보리밥을 먹지는 않는다. 가끔 어린 손자들이 밥투정을 하거나 반찬 투정을 하면 어미가 달래가며 먹이곤 하는 모습이 잘 이해가 되지 않을 때가 있다. 손자에 관한 한 어미와 아비의 소관이기에 꾹 참으면서 그 순간을 보낼 때가 많다. 가난한 어린 시절을 보낸 나로서는 격세지감을 느낄 수밖에 없다. 오늘날 우리나라 국민이 누리는 풍요가 가난을 참으며 이겨 내고 노력한 어른들 덕분이라는 것을 얼마나 고마워해야 하는지, 또한 이러한 풍족함을 이룩하게 해 준 하느님에게 얼마나 감사해야 하는지를 요즈음 젊은이들은 느끼지도 못하는 것 같다. 참으로 안타까운 일이다.

옛날의 가난은 아버지 대에서 겪어야만 했고 그럴 수밖에 없었던 역사이었을 뿐, 현재의 풍요는 젊은 세대가 누려야 할 당연한 특권이라고 여기는 사람들이 많을 것이다. 지금의 풍족함이 어른들의 가난을 이겨 낸 고생과 노력의 결과이므로 젊은이들이 반드시 감사하게 여기라는 말로 들려 싫을 수도 있다. 세대는 강물처럼 흘러가고, 물이 거슬러 오르는 법은 없다. 그러므로 기성세대의 피나는 노력과 인내로 점철된 세월을 기억하고 다시는 가난 때문에 겪는 고통은 없도록 후손들에게 정신적, 물질적 풍요를 물려주어 모두가 잘살 수 있는 나눔을 실천하라는 뜻이다. 부담감을 가지면서 어른들께 과거를 보상하라는 뜻은 절대 아니다.

우리가 젊었을 때는 비록 물질적으로 가난하였으나 이웃과 나눌 줄 알았고, 정신적으로도 이웃의 불행과 슬픔을 함께 느낄 줄 알았다. 그러나 요즘은 이웃과 대화의 부재, 어려움에 처한 이웃에 대한 외면 등 주변에 대한 관심과 사랑을 찾아보기 힘들다. 특히 부모님이나 조상에 대한 고마움을 모르는 체하고 무관심으로 대하며, 형제와 사촌간 우애의 결핍으로 가족 사회의 아름다운 모습이 사라지고 있다. 오직 처자식 위주로 살고 있어 자녀들도 이해와 용서를 배우지 못한 채 자라고 있다. 남을 이해하고 배려하지 않고 자기만이 이 세상에서 최고라고 으스대는 이 사회의 앞날이 매우 걱정되기도 한다.

가난의 상징인 꽁보리밥 덕분에 나에게 수업료 전액 면제라는 은혜가 주어졌듯이 우리 세대는 가난에서 탈출하려고 온갖 어려움을 겪고 참으면서 피나게 노력했으며, 가난한 가운데서도 자식들을 교육시켜 국민의 의무와 가정의 일원의 의무를 충실히 이행하여 오늘의 번영과 풍요의 상징인 쌀밥을 마음 놓고 먹게 되었다.

꽁보리밥에서 배운 경험과 교육, 그리고 축적된 정신적 물질적 여유를 국내의 어려운 이웃은 물론 지구 반대쪽 아프리카 대륙에서 굶어 죽어 가는 어린 생명들에게도 베풀어야 하는 것이 우리의 책무이기도 하다. 나는 오늘도 기쁜 마음으로 웃으며 잠시나마 그들의 손을 잡아 주고 싶다.

제2부
나의 가치관

1. 국가와 사회
2. 가족생활
3. 학교와 회사 생활
4. 눈물
5. 나라의 주인인 젊은이를 돕자

1. 국가와 사회

　우리는 국민으로서 국가에 대해 무엇을 생각해야 하는가? 국가와 국민을 위해 개개인은 무엇을 어떻게 해야 하는가? 사회인의 한 구성원으로서 이 사회를 위하여 무엇을 해야 하는가? 그렇다면 국가는 국민에 대하여 무엇을 어떻게 해야 하는가?
　우리는 한 가족의 구성원으로서 할아버지, 할머니, 부모에 대하여 어떻게 대해야 하는가? 자식에 대하여, 형제자매와 부부에 대하여 무엇을 어떻게 해야 하는가? 학생은 학교에 대하여, 스승은 학생에 대하여 어떻게 해야 하는가?
　회사에서 최고 경영자는 어떻게 해야 하며 노동자는 회사에 대하여 어떻게 해야 하는가? 노인들 문제에 대하여 국가와 사회가 개선할 일은 없는가? 노인들은 이 사회에 대하여 어떻게 해야 하는가?

　이와 같이 많은 분야에 있어, 어떻게 하여야 하겠으며 어떤 것이 더 올바른 가치관인지 이에 대해 다시 한번 생각해 본다.

국가와 국민의 관계

국가는 국민의 안녕과 행복을 위해 최선을 다해야 한다. 다시 말해서 국방을 튼튼히 하고 국토이용의 효율을 기하고 교육과 복지, 경제의 안정적 운용, 과학기술의 발전과 환경보존, 인권신장 등 여러 방면에서 국민을 보호해야 한다. 또한 수입 예산의 범위 내에서 국민의 생활 안녕과 행복 극대화를 위해 최선을 다해야 한다. 국가의 복지정책 중에서도 사회적 약자인 장애인, 소년소녀가장, 가난하고 병든 노인 문제 등은 국가가 전적으로 책임지고 수행해야 할 부분이다.

따라서 국가가 국민에게 해야 할 임무를 수행하는 공직자라면 부정부패는 잠시도 생각하지 말고 객관적 입장에서 법이 정한 취지에 맞게 다수의 국민 편에 서서 항상 판단하고 집행하여야 할 것이다. 공직자는 내가 행한 행정행위로 인해 피해를 본 국민은 없는지, 일부의 국민이 아닌 다수의 국민을 위한 판단인지, 법의 취지에 맞는 행위인지를 깊이 생각하여 집행해야 한다. 일부의 공무원 중에는 이러한 정신을 망각하고 부정부패에 물드는 경우가 있고 다수의 국민 이익에 반하여 일부의 이익에 영합하는 집행을 하여 입법 취지에 어긋나는 경우가 있다. 이러한 비리는 단속이 강화될 경우 고개를 숙이다가 사정기관의 관리가 느슨해지면 다시 비리가 만연하는 경우를 흔히 볼 수 있다. 이러한 일부 공직자의 태도 변화가 있어야 더욱더 즐거운 행정행위가 이루어지는 공직사회를 이룰 수 있을 것이다.

반면 국민은 기본권 보장과 여러 가지 권리에 있어서 국가에 대하여 요구할 수 있다. 국민의 국가에 대한 요구는 직접 이루어지는 경우도 있으나 대부분 국회를 통하여 이루어진다. 국민의 국가에 대한 직접 요구 방법은 적법한 시위나 민원에 의하여 이루어져야 한다. 경우에 따라 불법시위가 이루어지면 사회질서를 어지럽히고 옳고 그름의 판단에 있어서 국민들에게 오해를 가져다줄 염려도 있다. 국민은 의무를 다한 후에 권리를 주장하는 성숙한 시민 의식이 필요하다. 자기의 의무는 이행하지 않으면서 자기의 권리만 주장하는 행위는 대다수 국민들에게 환영받지 못할 것이다.

국가의 재정수입의 범위 내에서 복지를 주장함이 타당하다. 국가의 채무가 위험 수위인데도 과도한 복지정책만을 요구하고 주장하게 되면 머지않아 국가 부도 위기에 빠지게 될 것이 자명하다. 한 번 시작된 복지정책으로 국민이 받게 되는 혜택은 그 수치가 감소해선 안 되기 때문이다. 국민의 요구가 국가채무의 증가 요인이 되어서는 안 된다. 복지정책은 머지않은 장래에서 위험하지 않아야 하므로 인기 영합 복지 요구는 지양해야 할 것이다.

사회생활

여러 가지 형태의 인간이 집단으로 모여 질서를 지키며 살아가는 공동생활이 사회생활이라고 정의한다. 사회생활은 공동생활이기에 때로는 인내와 이해, 양보와 봉사를 요구하게 된다. 우리는 사회생활을 함에 있어 민주시민이 되기 위해 다음과 같은 것들을 지켜야 한다.

첫째는 질서를 지키는 일이다. 질서 중 기초 질서부터 잘 지키도록 우리의 생각을 바꾸어야 한다.

둘째는 건전하고 공정한 사회를 위한 봉사이다. 봉사에는 노력 봉사와 물적 봉사가 있다. 수재가 나거나 천재지변이나 기타 어려운 일이 있을 때 자원봉사를 옛날보다 많이 하고 있지만, 우리 사회는 아직까지 봉사활동에 아주 취약하다. 비상사태가 아니더라도 국가 예산이 미치지 못하는 소외 계층에 대한 지원과 봉사가 꾸준히 요구되며 물적 봉사 역시 많이 요구된다.

나이가 육십이 넘어 어느 정도 여유가 있으면 개인주의를 어느 정도 버리고 사회와 이웃을 위하여 봉사에 앞장서야 하겠다. 이미 받아온 혜택에 대하여 일부나마 갚는다는 의미에서 말이다. 이것이 인생을 마무리하는 시점에서 마땅히 해야 할 임무이며 보람이다. 또한 사회는 이러한 봉사자에 대한 존경을 인정해 주는 가치관의 변화가 필요한 때이다.

2. 가족생활

　가족이란 어버이와 자식, 형제자매, 부부 등 혈연과 혼인 관계 등으로 한 집안을 이룬 사람들의 집단이다.
　이 집단에서 자식이 어버이와 조부모님에 대하여 어떻게 해야 하겠는가? 요즘 젊은이는 개인주의가 팽배하여 어버이의 고마움에 대하여 그리 크게 인식하지 않는 것 같다.

　어버이는 자신을 낳아 준 분이다. 어버이가 없었다면 나는 이 세상에 존재하지 않는다. 그리고 어버이는 자식을 먹이고 입히고 이 세상에서 한 성인으로서 생활하게끔 길러 주고 교육시켜 준다. 만약 어버이가 계시지 않았다면 성장하는 데 많은 애로가 있을 것이다. 그런데도 부모가 경제력 없는 노인이 되었을 때 자식이 부모를 돌보지 않고 홀대하고 내버려두는 것이 다반사인 세상이 되어 가고 있다. 노인들도 늙어서 고생하지 않으려면 자기 돈이 있어야 한다고 인식하여 자식에게 사전에 재산을 넘겨주지 않는다.
　지금은 시대가 많이 달라져서 옛날의 부모 자식 관계는 아니지만, 부모님을 한집에서 모시지는 않더라도 부모님을 자주 찾아뵙고 관심을 가지고 보살펴야 한다. 병들고 경제력이 없는 부모님을 돌보아야 한다는 생각도 가져야 한다. 물론 며느리와 사위도 내 자식처럼 사랑을 베푸는 부모로서의 현명한 처신이 필요한 건 말할 것도 없다.

가족 중 형제자매 관계도 옛날 같지 않다. 가족 간 정을 나누는 문화에서 벗어나 배금주의에 빠져 자기에게 물질을 많이 베푸는 형제간의 우애는 좋으나, 가난하고 소외되고 자신에게 물질적으로 손해를 끼치는 형제자매는 남과 같이 대하는 시대가 한심스럽다. 같은 어버이에서 태어나 경제적으로 잘된 형제자매도 있고 잘못된 형제자매도 있을 수 있다. 어릴 때 한집안에서 자라면서 한 침대에서 같이 자고 뒹굴던 그때의 정을 생각하여 경제적으로 좋지 않은 형제자매에게 관심을 더욱 많이 가지는 생각의 전환이 필요하다.

부부간의 관계에서도 예전과 많이 달라졌다. 옛날처럼 딸에게 삼종지도를 가르치는 부모나 스승은 없다. 남녀가 만나 같은 생활공간에 살면서 그 역할은 다를 수 있지만, 그 인격은 똑같은 것이라는 생각을 다시 가질 때이다. 여자가 남자를 보필하면서 살림만 하는 시대는 지났다. 따라서 보필은 서로가 하여야 한다. 부부가 둘 다 직장인이라면 집안 일도 남편이 돕는 자세가 필요하다. 아내는 남편을 존경하며 사랑하였기에 결혼한 이상 그 남편의 부모인 시부모님에게도 그 효성을 다하여야 하며, 남편은 아내를 극진히 사랑하여 결혼하였기에 육체적으로 약한 아내를 도우며 그 아내의 어버이인 장인 장모님께도 효성을 다하여야 할 것이다.
그러나 그 역할은 어느 정도 구분되어 있다. 다시 말해 가정생활의 궁극적 책임자는 남편이며, 아내는 그 남편을 돕는다는 생각을 가져야 한다. 아내는 집안일과 생활의 총괄 책임자이며 남편이 집안일을 돕는 것은 아내의 보조자에 불과하다는 점을 인식하여야 한다.

자식을 가지는 것은 부부가 같이해야 하나 자식을 낳는 것은 아내요, 또한 젖을 물려 키우는 것도 아내의 의무요 권리이다. 남편이 아이를 돌본다는 것은 아내의 보조자 역할이다. 그래서 아이에 대한 모정이 부정과 다른 것이다.

부부 사이에는 엄연한 예의가 있으니, 말도 서로 존대로 하며 서로를 존중해야 한다. 두 사람 모두 자신의 역할에 충실하고 상대를 이해하려는 노력이 필요하다.

3. 학교와 회사 생활

학교생활

  학교생활의 두 주체는 스승과 제자인 학생이다. 이러한 스승과 제자, 선후배 사이의 질서가 무너지고 있는 것 같다. 옛날에는 스승의 그림자도 밟아서는 안 된다고 배웠으며 스승은 부모님과 같이 존경의 대상이었다. 그런데 학생이 스승을 폭행하는 사례도 있다고 하니 앞으로 우리나라와 사회가 걱정된다.
  스승의 권위가 떨어지면 학생에게 올바른 교육을 시킬 수 없다. 하지만 스승은 어떠한 경우에도 사랑의 매를 들 수 없고 단체 기합도 주면 안 된다는 교육 방침으로 학부모의 거친 항의에 사도가 무너지고 있다니 걱정이다.

  학부모는 자기 자식을 지나치게 사랑한 나머지 스승의 따끔한 훈육 방침을 용납하지 못하기 쉽지만, 자식을 훌륭히 키우기 위해서는 오히려 스승의 따끔하고 적절한 꾸지람과 사랑의 매가 필요하다는 것을 이해하고 오히려 스승에게 감사하는 마음을 가져야 한다.

물론 스승은 감정 섞인 기합이나 체벌은 절대 용서되지 않는다. 하지만 제자를 올바르게 가르치기 위해 필요한 적절하고 가벼운 체벌의 정도는 허용되어야 할 부분이다.

학생은 스승을 존경하고 가르침을 받아 자신의 미래를 설계하고 실천하겠다는 일념으로 스승의 지도에 따르는 자세가 필요할 때이다.

이와 같이 스승과 학부모와 교육 당국에서는 이 나라 젊은 학생들이 훌륭한 사람이 될 수 있도록 새로운 규범을 만들고 이를 시행할 때이며 각자가 반성할 때이다.

회사 생활

회사는 영리를 목적으로 경영을 훌륭히 하고 좋은 성과를 거두어 회사의 출자자에게 배당을 극대화하는 데 그 목적이 있다. 그러나 일부 회사에서는 영리만을 목적으로 하다가 자칫 회사 노동자에게 지급하는 급여나 복리후생이 미흡한 경우도 있고, 최고 경영층은 호화 생활을 하면서 회사의 직원은 가난에 허덕이는 경우가 있다. 또한 최고 경영층이 부정한 방법으로 자금을 빼내서 자기의 배만 불리고 세금을 탈세하는 경우도 있다.

회사의 두 주체인 경영주는 회사 구성원인 직원도 자기 가족이나 다름없는 회사 이익 창출의 주역이라는 점을 인식하고 회사 이익이 났을 때 종업원에게 상여금 명목으로 성과급 등을 지급하고, 종업원의 회사 생활이나 가정생활에 불편이 없도록 복지정책에도 관심을 최대한 기울이는 자세가 필요하다. 회사 구성원인 직원 노동자도 당기 회사 손익

계산을 분석하여 회사 성장에 필요한 재투자 자금과 출자자인 주주에 대한 일정액의 배당을 감안하면서 자기의 노동 대가인 급여를 인상할 것을 주장하는 성숙한 노조 활동이 필요한 시기이다. 이러한 노사 문화의 성숙도가 이루어지는 날, 우리 경제의 앞날은 밝다고 본다.

그 외 회사는 창출된 이익을 나라의 소외계층을 위한 복지비로 기부하고, 노동자는 자기 연봉의 일부라도 소외계층을 위해 기부를 한다면 이 나라는 더욱 신나는 사회생활로 즐거움이 넘치게 될 것이다.

4. 눈물

눈물은 울음이기에 눈물을 거둔다는 것은 울음을 그친다는 뜻이며, 눈물을 삼킨다는 것은 울음을 참는다는 뜻이고, 눈물을 짠다는 것은 나오지 않는 울음을 억지로 운다는 뜻이다.

눈물은 슬픔의 상징이다. 효성이 지극한 자식이 부모님이 떠나가셨을 때나 사랑하는 배우자를 잃었을 때나 사랑하는 형제자매를 떠나보낼 때 우리는 한없이 슬프기에 눈물을 흘린다. 그러나 가족이 아닌 우리의 따뜻한 이웃이 재해로 인하여 인명피해와 막대한 물적 손해를 입어 재기하기 힘들 때, 가난한 소년소녀가장이나 장애인이 어렵게 살아가는 모습을 볼 때, 희귀병이나 불치병에 걸려 치유하기 어려워도 본인은 그것을 모르고 삶의 애착을 가지고 발버둥 칠 때, 찢어지게 가난하여 최선의 치료마저 어려울 때 우리는 슬퍼하며 눈물을 흘리게 된다.

어머니의 뱃속에서 이 세상에 나온 직후 터뜨리는 울음의 눈물은 본능적이지만, 보기에 따라 두 가지 상징성을 지니고 있다. 그 하나는 하느님의 선택으로 창조된 생명이므로 매우 기쁘고 소중하다는 뜻이 있을 것이고, 다른 하나는 이 세상은 어려움을 참고 견디며 살아가야 하는 고해이니 앞으로 다가올 고난을 어떻게 감내할까 하는 슬픔과 두려움이 담겨 있을 것이다.

그러나 눈물은 기쁨의 상징이기도 하다. 전교생이 보는 앞에서 전교 수석의 상을 받을 때, 어려운 자격시험에 합격했을 때, 가고자 하는 대학 입학시험에 우수한 성적으로 합격했을 때, 너무나 좋아하고 사랑하는 사람이 나에게 청혼할 때, 오랫동안 그리워하던 사람을 만났을 때, 집 나간 탕자가 자기의 잘못을 뉘우치고, 집으로 돌아올 때, 한평생 속을 태우며 애만 먹이던 남편이나 아내가 자기의 잘못을 뉘우치고 진실하게 용서를 빌 때, 세계 최고봉의 등산에 성공했을 때나 운동선수가 시합에서 이겨 최고의 몸값을 받게 되어, 자기 생애에 이루고자 하는 바가 성취되었을 때 등의 경우에 우리는 기쁨의 눈물을 흘리기도 한다.

눈물은 감동이나 감수성과 나이의 정도에 따라 그 양이 다르다. 어릴 때는 살짝만 맞아도 울음을 터뜨리나, 자라서는 맞아서 아파도 울음을 잘 터뜨리지 않는다. 감정이나 감수성이 풍부한 사람은 슬프거나 기쁜 일이 있을 때 쉽게 눈물을 흘리나 그렇지 않은 사람은 눈물을 머금을 정도이거나 아니면 아예 눈물이 돌지도 않는다.

여자는 감수성이 예민해서 희로애락의 감정을 속으로 삭이고 표현을 절제하는 것이 남자보다 더 어렵다. 그래서 여자는 남자보다 눈물을 더 많이 더 자주 흘리고, 마음의 자극도 더 깊게 느낀다.

　문화의 차이에서도 눈물을 흘리는 정도가 다르다. 부모님이 돌아가셨을 때나 가까운 친인척이 돌아가셨을 때 장례식장에서 우리는 많은 눈물을 보인다. 특히 여자의 경우는 곡을 하면서 평소에 망인에게 못다 한 사연을 읊으면서 슬피 우는 모습을 흔히 볼 수 있다. 그러나 서양에서는 부모님 등이 돌아가셨을 그 당시 과거의 고마움과 자기가 최선을 다하지 못한 점을 통회하고 슬퍼하면서 눈물을 흘리는 모습은 보았어도 장례식장에서는 엄숙한 분위기 속에서 눈물을 참는 모습을 흔히 본다.

　우리의 유교 문화에서는 남자는 눈물을 자주 보이면 안 된다는 교육을 어렸을 때부터 받아왔다. 죽음보다 더한 슬픈 일을 당해도, 눈물이 날 만큼 기뻐도 눈물을 보이면 안 된다는 것은, 남자는 한 가정의 가장이요, 그 가문의 지도자가 될 사람이면서, 국가나 사회에서도 지도자가 되어 통솔할 사람이므로 눈물이 흔하면 안 된다는 것이다. 지도자는 때로는 다정다감하면서도 그 판단은 냉철해야 하기 때문이다. 이러한 문화 밑에서 교육받고 자라온 한국의 남자는 슬퍼도 기뻐도 눈물을 아끼는 것이 오랜 관습으로 내려오고 있다.

　하지만 슬플 때나 기쁠 때 흘리는 눈물은 얼마나 자연스러운 것인가. 그것을 왜 남자라는 이유만으로 아껴야 하는가?

새 시대를 맞은 우리는 눈물이 조금 더 흔해져야 한다. 눈물은 정이다. 슬플 때 슬퍼하고 기쁠 때 기뻐하는 감정의 표현을 억제하지 말자. 특히 남자라고 해서 감정의 예외일 수 없으므로 슬플 때나 기쁠 때 남자도 자연스럽게 눈물을 흘리자.

다만 어린아이들 앞에서는 조금 억제하자. 슬픈 일의 경우 어른의 지나친 눈물이 아이들에게 더 큰 상처가 될 수 있으니까. 또한 가정을 다스림에 있어 위엄이 필요할진대 어른의 지나친 눈물은 그 위엄에 금이 갈 수 있으니까.

감정에 따라 마음으로부터 저절로 나오는 눈물을 남자라는 이유로 오랫동안 참으며 살았기에 남 보기에는 마치 피도 눈물도 없는 사람으로 오해받아 왔다. 이제는 딱딱하고 격식에 얽매여 살았던 유교 문화에서 뛰쳐나와 감정에 정직하자. 눈물을 감추지 말고, 슬플 때도 기쁠 때도 눈물을 흘리자.

5. 나라의 주인인 젊은이를 돕자

젊은이는 젊고 활기가 왕성하므로 젊은이가 어떤 생각을 가지고 어떻게 행동하느냐에 따라 국가나 사회나 가정의 발전의 질과 양에 좌우되는 바가 크다.

젊은이의 생각이 올바르지 못하고 사회 정의를 왜곡하고 선후배들의 옳지 못한 가르침에만 따르고 사회나 나라에 대하여도 반항만 하고 불평만 한다면 그 사회나 국가는 희망이 없고 현재의 사회 현상이 진흙탕이 될 수도 있다. 젊은이가 이 나라 이 사회의 올바르지 못한 현상에 편승하여 국가와 사회 전체에 대하여 올바르지 못한 길로 갈 때 우선은 편하고 이익이 된다고 생각하겠지만, 그 나라나 사회는 발전은커녕 오히려 뒷걸음질하고 있음을 알아야 한다.

젊은이는 장차 이 사회와 이 나라를 이끌어 갈 밝은 태양이므로, 곧고 곱게 자라서 바른길을 가도록 국가와 사회 그리고 어른들이 앞장서서 젊은이들을 바르게 인도해야 하며, 그들이 옳고 바르게 자라 옳고 바르고 희망만이 있는 활기찬 이 나라를 만드는 데 선구자 역할을 할 수 있도록 해야 한다. 젊은이들이 곧고 바르게 서서 이 나라 이 사회를 바르게 이끌어 갈 때, 잘 사는 사회, 발전하는 사회, 건강한 사회가 만들어질 것이다.

이 나라의 주인은 젊은이들이다. 이 나라의 발전도 그들의 몫이고 영광을 누림도 그들의 것이다. 젊은이들은 주위에 많은 국민이 함께 살고 있음을 잊지 말고 주인의 임무를 올바르고 성실하게 이행해야 한다는 점을 뼈저리게 느끼면서 다른 계층의 국민들에게 모범을 보여야 한다.

이전에는 어른들의 생각과 교육으로만 나라 발전이 이루어지고, 번영이 이루어진다고 하였으나 사회 발전 요소들이 복잡다기하고 이행함에 어려움이 많은 현대 사회를 헤쳐 나가려면 어른들의 힘만으로는 부족할 때가 많으므로 젊은이의 힘이 꼭 필요하고 그 힘으로 이 사회를 정화하고 발전시켜야 사회 복지국가가 될 것이다. 그러자면, 젊은이가 아니더라도 할 수 있는 예의범절이나 국가 사회 발전의 보조적인 일은 국가 구성의 한쪽인 노장년층이 맡아서 하고, 궁극적으로 나라와 사회의 획기적인 발전 전략과 아이디어 창출, 추진력의 앙양 등은 젊은이가 앞장서 이끄는 사회가 되어야 한다.

국가와 사회의 어려운 발전 요소들은 다른 이를 믿지 말고 젊은이가 맡아서 연구하고 일하고 발전시켜 나갈 때, 국가와 사회의 발전이 과감히 이루어져 나갈 것이고, 주인 노릇을 하는 젊은이가 많으면 많을수록 더욱더 잘사는 국가와 사회 발전이 이루어질 것이다.

부모님들의 소박한 바람은 건강을 지키며 별걱정 없이 자식들을 공부시킬 수 있고, 조그마한 집이라도 자기 집을 가지고 내일의 발전과 희망을 이루는 꿈을 꾸는 것이라고 생각한다.

그러나 이 나라 젊은이들은 과거와는 다른 모습을 보여 주어야 한다. 옛날의 젊은이들은 사회생활 자체가 단순하여 부모님들 세대의 희망 사항을 어느 정도 충족시켜 드리면서 자기의 행복을 추구하는 생활 패턴이었다.

그러나 오늘날의 사회와 국가의 구조나 국민들의 미래 사고가 더욱더 복잡하고 전문 지식이 필요한 부분도 많고 해서 어른들이 감당하기에는 역부족한 점이 많은 것이 현실이므로 젊은이가 사회와 국가의 전위에 서서 국민이 잘 살 수 있는 방안을 연구하고 실천하는 방법이 강구되어야 한다. 그러지 않으면 국가와 사회 발전은 한계에 도달하여 무한한 경쟁 사회에서 이겨 나가지 못할 것이 명백하므로 젊은이가 주인이 되어 이 나라와 국민을 위해 배전의 노력함이 요구되는 때이기도 하다.

이러한 때에 우리 부모 세대는 젊은이들이 가진 힘과 능력을 충분히 발휘하여 일할 수 있는 터전을 만들어 주어 힘껏 나라와 국민을 위해 일할 수 있도록 도와주어야 한다.

제3부
인생길에서

1. 장남의 의무를 다하자
2. 몽당연필
3. 갈림길에서
4. 배움에는 끝이 없다
5. 하잘것없는 인생

1. 장남의 의무를 다하자

　사람이 태어날 때 장남으로 태어날 수도 있고 차남이나 막내로 태어날 수도 있으며 여자의 경우에는 장녀로 태어날 수도 있고 차녀나 막내로 태어날 수도 있다.
　여자는 좋은 남자 만나 결혼하게 되면 결혼한 남편의 부모 즉 시부모님을 봉양하거나 모시는 문제에 부딪히게 되며 친정아버지나 어머니를 모시는 문제는 특별한 경우를 제외하고는 일어나지 않는다. 그러나 남자의 경우에는 결혼한 후 자기의 부모님을 모시거나 아니면 생활비를 지출할 의무가 있으며, 부모님이 경제적으로 독립할 능력이 있을 때는 생활비를 보조할 필요는 없으나 갑자기 편찮을 때 병원으로 모시고 갈 책임이 있으며, 어려운 일이 생기면 해결하기 위한 여러 가지 대책을 마련하여 행하여야 한다.

　부모님이 연만하여 생활력이 없을 때는 동생들을 돌보는 것은 장남의 책임이며 의무라고 생각한다. 동생들은 아버지 어머니께서 낳았으나 장남은 이런 문제를 당연히 자기 문제로 받아들이고 부모님을 원망하여서는 안 된다. 동생들이 어렸을 때는 건강하게 자랄 수 있도록 먹을 것을 주고 입을 옷을 사 입혀야 하며 따뜻한 방에서 재워야 하고 공부도 시켜 훌륭한 사회인이 되어 독립적으로 살아갈 수 있도록 하여야 하며, 심지어 결혼까지 시켜 사는 집도 얻어 주어야 한다. 또 동생들을 공부는 시켰으나 취업이 되지 않을 때는 그들의 길을 뚫어 주고 인도할 책임이 맏형인 장남에게 있다고 하겠다.

이러한 책임과 의무를 짊어져야 하는 장남과 큰며느리는 아무리 잘한다고 해도 부모님의 처지에서 보면 불만이 있기 마련이다. 장남과 다른 남동생이나 여동생 사이에 불화가 일어났을 때 부모님은 약자인 남동생이나 여동생 얘기를 듣게 되어 있어 부모님은 장남을 나무라게 되는 것이 보통이며, 큰며느리와 남동생, 여동생 사이에 불화가 있었을 때 부모님은 동생들을 약자로 보기 때문에 감싸야 할 자식이라는 점에서 큰며느리를 나무라면서 야단치기 마련이다. 이럴 때 장남이나 큰며느리가 문제를 해결하기 위해 부모님에게 해명하려 하면 오히려 역효과만 나는 경우가 많으므로 굳이 해명이나 변명을 하려고 하지 말고 무조건 참아야 한다.

그리고 부모님이 돌아가셨을 때 제사를 모시는 것은 당연히 장남의 몫이 된다. 부모로부터 물려받은 재산이 없어도 제사는 장남이 제주가 되어 모시는 것이 당연하며 장남이 제사를 모실 때 제수 비용은 대부분 장남이 부담하게 되고 차남 이하 남동생이나 여동생들은 자기 형편에 따라 조금 부담하거나 형편이 어려워 부담하지 않더라도 흉이 되지 않는다.

그리고 부모님을 모시는 문제나 부모님이 따로 사실 경우

생활비 부담 문제는 대부분 장남에게 의존하게 된다. 또 부모님이 칠순 팔순을 맞이했을 때나 금혼식, 회혼식을 할 때 행사 장소의 사용료나 부모님에게 해 드리는 여러 가지 선물과 용돈 등의 비용은 잘사는 자식은 많이 지출하고 못사는 자식은 형편에 맞춰 조금 지출하여 행사를 치러야 하나 장남과 큰며느리는 자기들이 사는 정도가 어려워도 동생들보다 많이 지출하여 행사를 치르는 것이 일반적이다.

그리고 삼촌, 숙모, 이모, 고모, 외삼촌 댁에 길흉사가 있을 때 지출하는 비용도 장남이 훨씬 많이 부담하게 된다. 만약 삼촌이나 숙모님의 칠순 잔치, 고모님 이모님, 외삼촌의 팔순 잔치가 있을 때 장남은 동생보다 훨씬 못살아도 큰조카, 큰생질의 입장을 고려하여 부조금은 같이하거나 동생보다 조금은 많이 하는 것이 일반적이다.

장남은 이런 문제들을 당연히 자기 문제로 받아들이고 하늘이 내려준 임무라고 생각하고 어렵고 괴로운 일이 생기더라도 참고 견디면서 어려운 일을 향하여 한 걸음 한 걸음 앞으로 나가야 한다.

그렇다고 동생들에게 나무람을 준다거나 비난하거나 하여서는 안 되며 항상 칭찬을 아끼지 않아야 한다. 동생들에게 조금 모자란 점이나 조금 못마땅한 점이 있더라도 비난하거나 나무라기 전에 우선 칭찬하고 이해한다는 점을 알려준다면 후에 형을 존경하게 되고 형과 형수의 수고를 알아줄 날이 올 것이다.

그러나 항상 장남이나 큰며느리가 불리한 것만은 아니다. 형제들이 어릴 때 형이 동생들에게 큰소리를 치거나 동생들에게 심부름을 시키면서 명령할 때 동생들은 형에게 반항하지 못하고 따를 때는 장남이 얼마나 좋은 위치에 있는지를 느낄 수 있다. 그리고 부모님이 경제적으로 여유가 있어 집안일이나 바깥일에 장남을 도와주고 밀어주거나 하여 장남으로서 불편함이 없을 때 자기가 장남임을 자랑스럽게 생각한다.

그렇다면 내가 장남으로서 동생들에게 후회 없이 잘했는지를 돌이켜 볼 때 나는 참을성이 부족하여 동생들을 나무랄 일이 생기면 참지 않고 나무랐으며 동생들에게 많은 칭찬을 해 주지 않은 것 같다. 그렇기에 나는 여러 가지 면에서 부족함이 많은 장남이었고 존경스러운 형은 아니어서 동생들 앞에서 부끄러울 뿐이다.

2. 몽당연필

　우리가 초등학교 다니던 시절은 해방 직후여서 우리나라 경제 형편이 아주 열악하였고, 여러 방면에서 기술력도 부족한 때에 연필이나 공책 종이 모두 우리나라에서 처음 만들어 보는 제품이라 그 질이 나빠 글씨를 잘 쓸 수가 없었다. 그런 학용품이지만, 대개의 가정이 경제적으로 몹시 어려워 학용품을 풍족히 사 줄 형편도 아니어서 부잣집 아이들 몇몇을 제외하고는 아이들 대부분이 몽당연필에 자루를 연결하여 길게 만들어 연필심이 다 닳아 쓸 수 없을 때까지 사용했다.
　그때 대개의 아이들은 양철로 만든 필통에 예비 연필 한 자루와 몽당연필 한 자루, 연필 깎는 칼, 분도기 지우개 등을 넣고 다니는 게 고작이었다. 연필 한 자루를 사려면 그 당시 쌀값과 비교하면 제법 부담이 되는 금액이었다고 생각된다.
　몽당연필을 글씨를 쓸 수 없을 때까지 사용하면 꽤 오랫동안 사용할 수 있었다. 가난한 아이들이 사용하는 것을 보고 제법 잘사는 집 아이들까지도 몽당연필을 사용하게 되어 나중에는 학급 전체가 몽당연필을 애용하게 되어 몽당연필을 사용하는 것이 이상한 일이 아닌 당연히 그렇게 하는 것으로 되어 버렸다.

　몽당연필은 아직 그 길이가 삼분의 일은 남아 있으므로 자루를 연결하여 연필을 길게 만들어 쓰다 보면 몽당연필을 세 번만 쓰면 한 자루의 연필이 절약됨을 아이들 스스로 알게 된다. 그리고 이 몽당연필을 끝까지 다 사용하고는 어머니에게 보여드리면서 연필 한 자루를 사 달라고 하면 그때야 비로소 어머니께서 새 연필을 사 주신다. 몽당연필을 다 쓰기 전에 새 연필을 사 주시지 않는 부모님을 원망할 것 같았으나 내 마음속에는 몽당연필을 확인하고 새 연필을 사 주시는 부모님에게 한없이 고마움을 느끼게 되었다.
　보통 때는 부모님에 대한 고마운 생각 같은 것은 하지 않았다. 그러나 몽당연필 한 자루를 보시고 새 연필을 사 주시는 부모님에게서 왜 진한 고마움을 느끼게 되었는지 뭐라고 딱히 말할 수는 없으나 부모님께서 다 쓴 몽당연필을 보시고는 나에게 진한 고마움과 어떤 기대와 흐뭇함이 배어 있는 심정으로 기분 좋게 새 연필을 사 주신다는 느낌을 받았다. 그 느낌 속에는 절약의 아름다움에 대한 칭찬도 담겨 있었기에 부모님에게 무한한 감사와 보은의 길을 다짐하게 되었다.

　몽당연필을 버리지 않고 자루에 끼워 사용하였을 때 수학 문제도 잘 풀려 백 점을 얻었고, 국어 문제도 반듯하게 풀어 나갔으며 마찬가지로 사회, 과학 등의 과목에서도 새 연필보다는 몽당연필로 썼을 때가 오히려 그 풀이가 좋았던 것 같다. 그래서 공부를 잘하고 못하고는 새 연필을 사용하느냐 몽당연필을 사용하느냐의 문제가 아니라 얼마나 예습 복습을 열심히 했는가 하는 노력 문제이지 글 쓰는 도구에 지나지 않는 연필의 길고 짧음의 문제는 아니다.
그러면 요즈음 초등학생은 어떠한지 생각해 보자.

요즈음 우리나라는 70여 년 전보다는 경제가 고도로 성장 발전하여 국민소득 2만 불 시대를 넘고 있어 몽당연필을 쓸 만큼 가난하지도 않아 자기 자식들에게 몽당연필을 쓰라는 부모는 없다고 보아야겠다. 공책도 종이 질이 아주 좋아졌으며 필통도 매우 세련되게 디자인되어 그 속에는 학생들이 공부하는 데 꼭 필요한 연필, 지우개, 연필깎이, 칼, 자 등이 매우 고급스러운 것으로 갖추어져 있다.

나의 어린 시절 몽당연필은 다 사용해 주어서 고맙다는 인사를 주인인 나에게 깍듯이 하여 수학 문제를 비롯한 각 과목의 문제를 바르게 쓰게 하면서 몽당연필은 자기를 그렇게 아껴준 주인에게 나눔의 정신을 심어 주었다.
이러한 몽당연필은 아름다운 나의 추억 속에 숨어 있다가 지금 나에게 말한다. '자기를 끝까지 사용하여 아낀 돈을 가난한 아이들에게 새 연필을 사서 나누어 주라면서, 요즈음 아이들도 자기를 버리지 말고, 끝까지 사용하는 절약으로 적은 돈이라도 모아 가난한 아이들에게 베풀기를 바란다고.
그리고 몽당연필을 확인하고 새 연필을 사 주는 부모가 되어 자식들에게 부모에 대한 고마움을 가르쳐 부모에 대한 효성이 다시 일어설 수 있도록 하라고……

3. 갈림길에서

 갈림길이란 두 갈래 이상으로 갈라진 길이란 뜻이며, 어느 한쪽을 선택해야 할 처지가 되었을 때 사용되기도 한다. 갈림길 중 어떤 길은 좋은 길이라서 가기도 좋고 목적지에 닿았을 때도 좋은 길이며, 어떤 길은 험한 길로 가기도 어렵고 목적지도 좋지 않은 길이다. 또한, 좋은 길 중에는 가기는 어려우나 목적지는 좋은 길인 경우도 있다.
 이처럼 갈림길에서 선택을 어떻게 하느냐에 따라 가는 길의 험한 정도와 그 목적지의 좋고 좋지 않음이 갈라진다는 점에서 갈림길에서의 선택은 매우 중요한 문제다.

 우리 인간이 살아가자면 많은 갈림길이 나타나게 되어 선택을 해야 한다. 자기 소질은 무엇인지 자기는 어떤 학교에 가야 하는지 어떤 직업을 선택하여야 하는지 남자라면 군대는 언제 가야 하는지 공부는 얼마만큼 하여야 하는지. 부모에 대한 효도의 정도를 정하기는 곤란하나 현실적 문제에서 어느 정도여야 하며, 자기 배우자에 대한 선택은 어느 정도여야 하는지. 각자의 선택이 필요할 때가 오게 된다. 물론 부모님에 대한 효도 문제와 자기 배우자에 대한 사랑 문제,

형제자매에 대한 사랑 문제 등은 그 한정함이 있을 수 없으나 현실적으로 부모님과 처, 시부모님과 남편, 형제자매와 처남 처제 사이에 있어 효와 사랑을 끝없이 다할 수 없는 사정이 있어 자기의 애정을 어느 정도 안분할 경우가 생기게 된다.

우리가 이 세상에 태어나 가없는 부모님의 사랑에 효를 다하여야 하는 것은 당연하나 현실적으로 자기의 경제력, 자기의 노력 봉사, 배우자와의 상의 결과로 그 한계가 필요한 경우가 생기게 된다는 뜻이다.

이것도 우리 인생의 갈림길에 비유되며 어떻게 선택하느냐의 문제에 부딪히게 된다.

그리고 내가 살아온 몇 가지 갈림길과 선택에 대하여 적어 보고자 한다.

나의 경우 초등학교까지는 갈림길 없이 부모님의 의도대로 그 지시에 따라 그대로 졸업하게 되었다. 그러나 중학교 입학을 앞두고, 입학원서를 쓰는 시기에 아버지께서 가정형편이 어려우니 아버지와 같이 농사나 짓자고 하셨다. 이때 나의 입장은 꼭 중학교에 진학하여야 한다는 것이어서 두 갈림길이 생겼다. 중학교에 진학하지 못하면 고등학교에 진학할 수 없으므로 영영 농사꾼밖에 될 수 없다는 점이 나를 괴롭혔다.

아무리 생각해도 어떤 방법도 없어서 나는 막내 삼촌인 화목삼촌을 찾아가 두 갈래 갈림길에 대하여 말씀드리고는 이 갈림길은 내가 선택할 수 있는 문제가 아니기 때문에 삼촌의 견해를 듣고자 하였다. 이때 삼촌께서는 자기가 책임을 질 터이니 중학교에 진학하는 길을 택하라고 말씀하셨다. 이 삼촌의 말씀을 듣고 나는 너무 기뻐 이웃 읍에 있는 공립학교이며 전기지망학교인 진영중학교에 입학원서를 냈다.

막상 합격 통지서가 집으로 오게 되었을 때 아버지께서 논 세 마지기 살 돈을 풀어 입학금을 주시고, 교과서와 교복 대금도 주셨다.

그리고 세월이 흘러 고등학교 입학 시즌이 왔을 때 아버지께서는 고등학교 진학을 포기하라고 하셨고, 중학교 졸업장만 있어도 면서기는 할 수 있다고 말씀을 덧붙였다. 나는 고민하면서 매일 슬픔에 차 있을 때 부산에 계시는 외삼촌께서 우리 집에 오셨다가 나의 사정을 들으시고는 고등학교 3년 하숙비는 자기가 부담할 터이니 매형께서는 수업료만 부담하시라고 제안하셨다. 아버지께서는 할 수 없이 상업고등학교에 입학하는 것을 허락하셔서 부산에 있는 경남상고에 입학하게 되었다. 고등학교에 입학하느냐 입학하지 못하느냐의 갈림길에서 깊은 고통과 슬픔 속에 빠져 있을 때 외삼촌께서 그 길을 선택하는 데 도움을 주셨다. 이처럼 중학교 고등학교 입학 여부의 갈림길에서 나는 아무런 선택권이 없었고 그 갈림길을 가는 데 제삼자인 막냇삼촌과 외삼촌의 도움으로 갈림길 선택을 할 수 있었다.

고등학교 2학년 때 대학교 진학반과 취업을 원하는 실과반으로 나누는데 내가 취업을 할 것이냐 아니면 분에 넘치는 대학에 진학할 것이냐의 갈림길에 서게 되었다.

이때 같이 하숙하고 있던 윤일식 선배님께서 지금 세상은 대학을 졸업하지 않으면 사회에 진출하여 제대로 승진도 못하고 출세도 할 수 없으니, 대학에 진학하도록 하고 만약 입학금, 등록금이 부족할 때는 자기가 도와주겠다고 했다. 그 당시 윤일식 선배님은 부산대 법대를 졸업하고 경남 도경에서 근무하고 있었다.

이 형님의 조언에 용기를 얻어 진학반에 들어가 나중에는 부산대 상대에 입학하게 되었다. 물론 대학 4년 여덟 학기 등록금과 입학금을 마련하느라 가정교사에다 등록금 구걸을 하며 생고생이 많았다.

그리고 사회 진출에 있어 공무원, 회사원, 은행원, 국영기업체 등 여러 갈림길에서 내가 선택할 수 있는 여지가 별로 없었다. 그것은 군에서 제대 후 4학년 복학 후 바로 부산직할시 직원 공채 시험이 있어 응시하여 지방 공무원이 되었고 그로부터 삼 년 후 다시 세무공무원 공채가 총무처로부터 있어 응시하여 세무공무원이 되어 그때부터 십일 년 후 상장회사 임원으로 옮기게 되었다. 이러한 직업 선택의 갈림길은 나 자신이 여러 가지 조건을 고려하여 택한 것이 아니고 그 당시 나의 경제적 형편에 맞게 선택했다는 표현이 정확하다.

그 뒤 회사 생활 6년을 접고 다시 자유직업을 선택할 것이냐 계속 회사 생활을 할 것이냐의 갈림길에서 나는 다니던 회사를 사직하고 세무사라는 자유직업을 선택했다.

이처럼 내가 학교 진학의 갈림길에서 중학교 고등학교의 선택은 나 자신의 의지와 관계없이 타인의 도움에 따른 선택이었고, 대학교와 공무원, 회사 생활 그리고 자유직업인 세무사의 갈림길에서는 나 자신의 의지에 따라 선택하게 되었다. 그러나 선택의 폭은 그리 넓지 않았다. 그리고 어릴 때의 꿈인 교수가 되는 꿈과 작가가 되는 꿈은 나의 경제 여건에 맞추고 남는 시간에 맞추어 전업 교수는 아니더라도 시간강사라는 부수적 직업으로 나의 꿈 일부를 채울 수 있었고, 작가의 꿈은 아주 늦은 나이인 고희가 되어 등단하게 돼서 십몇 권의 수필집을 출간하게 되었고, 남은 삶 동안 쓰고 싶은 글을 더 쓰고자 한다.

내 인생의 여러 갈림길에서의 고비마다 화목삼촌이나 외삼촌 그리고 윤일식 선배 같은 분이 계셔서 가고 싶은 갈림길을 선택할 수도 있었고, 지금은 나의 의지대로 선택한 갈림길을 걸으며 크게 만족하지는 않으나 그렇다고 하여 크게 후회하지도 않는다.

우리 모두 인생의 갈림길에서 후회 없는 선택이 있기를 빈다.

4. 배움에는 끝이 없다

　배움이란 새로운 지식을 얻거나 기술을 익히는 것이라 할 수 있고 남의 행동이나 태도를 본받아 따른다는 뜻도 있으며, '교양을 닦다가 경험하여 알게 되다'의 뜻도 있어 '영어나 수영을 배우다'라고 표현하기도 하고 부모나 어른들의 생활 태도를 배우다. 또는 배운 사람의 언행을 배우다. 인생을 배우다. 라고 표현하기도 하며 대학 시절 담배나 술을 배우다. 라고 표현하기도 한다.
　그리고 졸업이란 규정된 교과나 교육과정을 마친다는 뜻으로 어떤 부분의 일에 통달하여 익숙해짐을 의미한다. 따라서 졸업이 없다는 말은 완성 시기가 도래하여 마침이란 것이 없다. 즉 우리는 생을 다할 때까지 마침이 없이 계속된다는 뜻이며, 졸업 없는 배움이란 우리가 여러 가지 지식을 얻거나 기술을 익힘에서나 남의 행동이나 태도를 본받음에서나 교양을 닦거나 경험함에 마침의 때가 있는 것이 아니고 우리가 살아 있는 한 계속 배운다는 뜻이다.

　그래서 살아 있는 한 계속 배워야 하므로 배움이란 무한정한 것으로 시간적 배움과 공간적 배움으로 나눌 수 있다.

시간적 배움이란 우리가 태어날 때부터 무엇이든 배워야 하며 늙어 죽을 때까지 배워야 한다는 뜻이다. 우리가 태어나 우선 젖을 빨고 기분이 좋을 때 웃고 기분이 나쁘거나 아프거나 배가 고프면 운다. 이것은 본능에 따른 행위이나 시간이 지나면서 급속도로 살아가는 방법을 배워 나간다. 오라면 오고 가라면 가고, 등에 업히라면 업히고 좋아하는 사람 싫어하는 사람을 구별할 줄도 안다. 사람은 나면서부터 배움이 시작되어 시키지 않아도 기고 앉고 서고 뛰는 법을 터득하고 말을 배우며 자란다. 학교 공부가 시작되면 글씨 쓰는 법, 자연이나 사회 과목, 수학 등을 배우고 인간이 해서는 안 되는 것과 꼭 해야 하는 행동이나 말 등을 배우게 된다. 학교 공부를 마친 후에는 직장에서나 사회생활에서 필요한 지식을 습득하게 되고, 지향해야 할 도덕과 윤리 등을 배우며, 결혼한 후에는 각자 배우자가 지켜야 할 도리와 의무 등을 배우며, 자녀가 있을 때에는 부양할 책임과 아버지 어머니로서 해야 할 바를 배우면서 가정을 이끌게 되어, 위로는 부모님과 어른들께 정성을 다하면서 모시는 방법을 배우게 된다.

이러한 배움에서는 세 살 먹은 어린아이한테도 배울 것이 있다는 속담처럼 나이가 나보다 훨씬 어린 사람에게도 배울 것이 많다. 가르침을 주는 이가 나이가 자기보다 적거나 어리더라도 개의치 않고 열심히 배워야 한다.

공간적 배움이란 우리나라에서도 배울 것이 많이 있지만, 미국이나 유럽, 동남아, 중국 등의 외국에 가서도 배울 것이 많다. 우리나라 안에서도 서울에서 배울 것이 있고 전통과 풍습이 서로 다른 경상도, 전라도, 충청도 등의 가는 곳마다 배울 것이 많이 널려 있다는 것이다.

한국문학을 공부한 사람은 동양문학이나 서양문학을 공부하여 더 깊이 있는 문학을 배워야 하고, 동양철학을 공부한 사람은 서양철학을 공부하여 학문의 발달 과정과 다른 점 등을 공부하여야 하며, 의학도 서양의학과 동양의학을 비교하면서 공부하는 것이 인류 건강을 위한 명실상부한 이바지가 될 것이다.

이처럼 배움은 시간상으로는 태어나서부터 우리의 생이 다할 때까지 필요하며 공간상으로는 우리나라에서 배우는 것도 필요하지만, 외국에 나가 배우는 것도 필요하며 학문에서도 동양학과 서양학을 골고루 공부하는 배움이 필요하다 하겠다. 그러나 우리가 살아가면서 인간이 지켜야 할 기본 도리에 대해서는 배우기는 하지만, 조금 더 깊은 경지의 도덕에 대한 것은 모두 다 배울 수는 없다.

일반 사회에 진출하여서는 자기가 맡은 업무 수행에 필요한 지식이나 기술을 배우는 데 전력을 다하는 한편으로는 골프, 관광, 낚시 등 취미생활을 즐기거나 일반 문학이나 학문에 대한 독서를 취미로 하거나 제2의 자기 진출을 위하여 독서를 하게 된다.

그러나 나이가 들어가고 직장 생활에서 그 지위가 올라갈수록 새로운 것을 배우려고 하는 모습은 점점 보기 힘들다. 다시 말해서 나이가 들면 들수록 배움에서 졸업했다고 생각한다. 나이가 사, 오십을 넘어서게 되면 새로운 것을 배우려 하지 않고 현재에 만족하고 점점 배움에서 멀어져 현상 유지를 위한 배움마저 사라져 아예 배움이란 없는 경우가 많다. 이는 우리 인간의 능력에 대한 한계 때문일 것이다. 중고등학교 때는 모든 외국어를 다 공부하려고 하거나 모든 학문을 깊게 공부하려고 하여도 중고등학생이 지닌 능력의 한계가 있어 그 실현이 불가능하며 대학생이 전공과목 이외에 모든 학문을 배우려 하거나 배우려는 학문을 더 깊게 이해하려 해도 인간 능력의 한계와 시간의 한계 때문에 모든 분야 모든 과목을 다 배울 수는 없다. 다만 전공과목을 조금 더 깊이 공부하려면 석사, 박사 과정을 통하여 배우고 연구할 수는 있다. 그러나 살아가면서 마음만 먹으면 어떠한 배움의 길이든 열려 있어 깊이 배울 수도 있다. 그러나 일단 학교를 떠나면 모든 공부는 졸업했다고 생각한다.

그러나 우리는 배움에는 졸업이 없다는 신념을 가지고 나이가 들어갈수록 인생에 대한 관심을 가지고 성 프란치스코 성인의 평화를 구하는 기도처럼 다툼보다는 용서를, 미움보다는 사랑을, 절망보다는 희망을 주는 자가 되기 위한 배움에 증진하여 나눔과 봉사를 실천하는 인생 설계를 해야 한다.

이처럼 우리가 나이 오십 육십을 넘어 칠십에 이르러서도 사람과의 사이에서 다툼보다는 용서하는 마음을 가지도록 하고 미움보다는 사랑을 베풀 줄 아는 마음과 절망보다는 희망을 가지도록 배우고 또 배우며 나눔과 봉사에 대한 아름다움을 직접 배워 인류 생활의 행복과 평화에 이바지하게 된다면 이런 아름다운 배움은 졸업이 있을 수 없고 우리가 하늘나라에 갈 때까지 영원하고 아름다운 배움이 될 것이다.

5. 하잘것없는 인생

우리 몸에 있으면 병이 되는 종양을 조직검사 할 때 그 심경은 매우 착잡하며 겁이 나기도 한다. 그 종양이 음성이면 일단 암이라는 병이 되어 수술 여부를 결정해야 하며 그 종양이 여러 장기로 퍼졌을 때는 수술도 할 수 없는 경우도 있어 이때는 방사선 치료 등 순서가 있으나 그 환자의 상태가 좋지 못하면 그 방사선치료마저 받을 수 없는 경우도 있다. 이처럼 종양의 조직 검사를 하기 전이나 조직검사 후 결과를 기다릴 때 인간의 나약함이 그대로 드러난다. 왜 하필 내가 이 병에 걸려야 하느냐고 하느님을 원망하기도 한다. 이런 생각은 거리에서 건강하게 걸어 다니는 많은 사람을 볼 때나 식당에서 열심히 식사하고 있는 사람을 볼 때, 지하철이나 버스를 타고 자기 목적지로 이동 중인 건강한 사람들을 볼 때, 그리고 내일의 영달을 위해 도서관에서 공부하고 있는 사람들을 볼 때도 그 많은 사람 중 하필 내가 이 병에 걸렸을까? 하며 자책도 하고 누군가를 원망하기도 하면서 병으로 시달려야 하는 자신의 가슴을 쳐 본다.

조직검사 결과가 음성일 경우에는 암의 전이 여부에 따라 수술 여부를 결정하여야 하며 그 수술도 건강 회복을 100% 보장하지는 못한다. 그러나 그 결과가 양성일 경우 큰 행운이라며 우선 하느님께 감사하게 되며 배우자나 자식들에게도 새삼스럽게 고마움을 느끼게 되고 세상의 모든 것이 고맙게 생각되어 새 사람으로 거듭나 새로운 인생 설계를 하게 된다.

나의 경우 우선 가장 가까운 나의 동반자 엘리가 나에게 요구하거나 부탁하는 것은 특별한 경우가 아니면, 그에 적극적이고 능동적으로 따르겠다고 생각을 새롭게 하고, 옛날 엘리가 서른의 많은 나이에 가난한 우리 집에 그리고 나에게 시집을 와서 무척이나 고생하였다. 엘리의 마음고생은 시가의 어른들과 시동생 시누이를 돌보는 데서 시작될 수 있었고, 나의 급한 성격을 이해하고 나의 말에 따라 주느라 많은 스트레스를 받았다고 생각되어 이것이 가슴 아프도록 미안하다. 내가 아플 때 병원에 일일이 따라다니며 나를 위로하고 보살피는 모습에서 앞으로 엘리에게 내가 해야 할 일이 생각났다.

나와 엘리보다 연세가 많은 처가 어른들을 찾아뵙고 위로하는 것, 식사 전후 엘리 도와주기, 일요일마다 목욕 등 봉사하기, 장보기, 엘리가 조금 심각하게 아플 때는 내가 함께하여야 한다는 것과 엘리가 오래 아파 누웠을 때는 가능한 한 요양병원에 보내지 않고 내 손으로 간호하기, 아플 때 돈 아끼지 않고 치료하기, 국내 외 함께 여행하기, 마산 친구 동창들과의 모임에 적극적으로 보내주기, 엘리의 건강을 위해 기도하기, 내가 불치병에 걸렸을 때 쓸데없는 연명 치료

등은 하지 않기, 그리고 조용하고 마음이 뜨거운 기도를 부탁하고 싶다.

또한, 나의 자식들에게는 아버지가 치료할 수 없는 질병에 걸렸을 때는 너무 아프면 진통제 이외에는 단순 연명치료를 그만두도록 부탁하고 싶다. 그리고 아버지 어머니를 진심으로 생각하며 그 효를 다한 자식들에게 즐겁게 사랑을 주고 싶고 뜨겁고 진실한 사랑을 주고 싶다.

나의 목이 불편하여 종합병원에서 검사 후 시간이 흘러 그 결과가 양성으로 판정이 났다. 한 번 더 새로이 태어난 것 같다. 큰 행운을 나에게 주셨고 이 또한 전지전능한 하느님의 말씀으로 되었으니 그분께 마음속 깊이 감사의 기도를 드린다.

전지전능하시고 저희 인간을 사랑하시는 주님!
주님이 하잘것없는 저에게 새로운 영광과 행운을 주셨으니 나와 가장 가까이 있는 엘리에 대하여 최선을 다하여 사랑하겠으며, 나의 아들 나의 예쁜 며느리들 그리고 손자 손녀들에게도 큰 은혜를 베풀어 주신 주님께 마음속 깊이 우러나오는 감동으로 기도드리도록 하겠습니다. 그 은혜의 당사자인 저 도미니꼬는 앞으로 남은 삶을 자만하지 아니하고 겸손하며 남을 미워하거나 다투지 아니할 것을 주님에게 맹세하며, 세상의 어려운 사람에게 나누어 주고 힘든 사람에게 봉사하며 주님의 자비로움을 따르려고 노력하겠습니다. 어른들이나 동료나 손아랫사람들에게도 친절하고 어진 사람이 되겠나이다.

제4부
여자, 그대 이름은 위대하다

1. 이 세상에 여자가 없다면
2. 여자는 약하면서도 강하다
3. 여자는 사랑이다
4. 고통을 숙명으로 생각한다
5. 여자는 베풀기만 한다
6. 여자가 혼자 남았을 때

1. 이 세상에 여자가 없다면

　하느님께서 이 세상에 여자가 없이 남자만 살게 하였다면 남자들끼리 싸우며 살다가 후대에 이을 자손이 없어 인류 역사는 끝났을 것이다. 그러나 하느님께서 남자와 여자를 만드셔서 남녀가 서로 사랑하게 되었고, 그 사랑의 결과로 생겨난 자식은 아들도 있고 딸도 있어 아들은 다른 집 딸과 결혼하고 딸은 다른 집 아들과 혼인하여 사랑을 하고 자식을 낳게 되어 인류 역사는 끝나지 않고, 이어 가게 되었다.
　그리고 남자는 강한 힘을 가지게 만드셔서 집 바깥에서 사냥을 하거나 농사를 짓거나 하는 힘쓰는 일을 하여 먹을 것을 구하게 하였고, 여자는 집에서 남자가 구해 온 사냥감이나 곡식을 요리하는 일이나 옷을 꿰매는 일 등 집에서 할 수 있는 일을 하게 되었다. 만약 여자가 없었다면 섬세하고 다양한 요리는 없었을 것이고 집 안을 정리하는 일이나 가벼운 집안일도 깨끗하게 하지는 못하였을 것이다.
　하기는 남자도 요리를 할 수 없는 것은 아니지만, 바깥에서 먹을 것을 장만하고 입을 것을 구하고 살 집을 마련하는 등 힘센 사람이 하여야 할 일을 하다 보면 여자만큼 맛나게 하지 못하였을 것이다. 그리고 자상하고 부드러운 사랑이 결핍되었을 것이다. 물론 남자끼리도 사랑할 수 있다고 하였으나 그 사랑은 의리에 찬 무게 있는 남자끼리의 사랑이기는 하나 자상하고 부드럽지는 않을 것이다.

우리는 아버지의 사랑이 어머니의 사랑과는 다르다고 느낀다. 아버지에게서 자식이 느끼는 사랑은 믿음이 가득한 부러지지 않고 무게 있는 사랑이라고나 할까? 형이나 아우에게서 느끼는 사랑도 아버지의 사랑보다는 가볍다고는 하여도 여자와의 사랑보다는 의리 있고 믿음이 깔린 무게가 실린 사랑이라 생각되나 어머니나 누님에게서 느끼는 사랑처럼 자상하고 부드럽고 정감이 가는 사랑은 아니기에 사랑의 결핍은 불가피하다.

어머니의 자식에 대한 사랑은 깊고 끝이 없으며 감성 어린 정의 문화가 잔뜩 배인 것이라고 할 때 이 세상에 여자가 없다면 이러한 모정의 결핍으로 우리 삶의 곳곳을 매우 건조하게 할 것이다. 그러나 여자가 있어 우리가 살아가는 이 세상이 온화한 가운데 단비가 내린 뒤의 촉촉함으로 만물이 힘을 얻듯이 활력을 얻게 된다.

이 세상에 여자가 있어 어려운 자나 가난한 자 그리고 병든 자를 위로하는 너그러운 마음이 더 많이 생겨난다고 생각된다. 만약 이 세상에 남자만 살고 있다면 삶이 너무나 무뚝뚝하고 경직되어 세상을 살아가는 재미와 뜻이 없어져서 가난하고 어려운 자를 보아도 그냥 지나쳐 버리게 되고, 병든 자나 부모가 없어 생활하기 곤란한 고아를 보아도 위로하고 돌보는 부드럽고 자비로운 마음이 생기지 않을 것이며, 자상하고 감성적인 사랑은 사라지고 재미없는 무미건조한 세상이 되어 감성에 의한 참사랑을 느끼지 못할 것이다.

더욱더 중요한 사실은 인간의 자손이 끊기게 되어 인류 역사는 여기에서 종말을 고하게 될 것이기에 이 세상에 여성이 없다면 하는 논제는 상상도 할 수 없을 것이다.

2. 여자는 약하면서도 강하다

여자는 약하다거나 여자에게 그렇게 하면 되느냐는 등의 말을 하고들 하는데 이 말에는 여자는 남자보다 힘이 세지 않고 남자보다 힘이 모자라고, 몸이 강하지 않다는 뜻도 있고, 마음이 약하여 의지 따위가 굳세지 못하다는 뜻도 있다. 그렇다고 하여 여자가 약하다고 할 때는 힘이 세지 않다. 몸이 약하다. 마음이 여리다. 자극에 대한 저항력이 모자란다. 라는 뜻이지 의지가 약하다거나 어떤 과목이나 분야를 잘 못한다는 뜻은 아니다. 이처럼 여자는 육체적으로 약하고 여리면서 힘도 약하지만, 정신적으로 매우 강한 면을 가지고 있다.

요즈음 남녀공학을 하게 되는데 공부를 잘하는 편은 남자보다 여자라고 생각되며, 이는 각종 자격시험이나 임용고시에서도 나타나고 있다. 그리고 남자와 여자가 결혼하여 한 가정을 이루었을 때 여자는 남자의 어리광을 다 받아주면서 남자가 조금 못마땅한 말이나 행동을 할 때도 이에 일일이 대응하여 다투지 않고 참으면서 어떤 면에서 모성애를 발휘하여 가정의 평화를 이끄는 역할도 한다.

또한, 가정을 이끄는 쪽은 항상 남자인 것 같지만, 가정의 평화와 화목을 생각하면서 가정을 이끌고 유지하여 발전시키는 쪽은 여자인 경우가 많다. 그래서 남자가 실직하여 생활이 곤란할 때 생활 전선에 선뜻 나서 돈을 벌어오는 쪽은 여자 쪽이다. 만약 여자가 계속 일하지 않고 남편만 바라보고 있다면, 그 가정은 먹을 것이 없어 파탄에 이르게 될 것이다. 이처럼 가정을 진정으로 소리 없이 이끄는 쪽은 여자이며, 남편이 실직하거나 쉬고 있을 때나 아파서 직장을 나갈 수 없을 때 용감히 생활 전선에 나아가 식구들을 먹이고 교육시키고 입히고 하는 쪽은 여자이기에 여자는 남자보다는 생활면에서도 강한 면이 많다.

그리고 남자는 자기 뜻이 이루어지지 않을 때 술에 의지하여 방황하는 경향이 많으나 여자는 자기의 뜻을 관철하는 힘과 끈기가 남자보다 훨씬 강하다고 생각한다.

또한, 자식에 대한 교육열에서도 남자는 조금 관심을 가지기는 하나 여자는 자기 생명과 능력을 다하여 자식을 교육시켜 훌륭하게 만들려고 하는 의지와 노력이 강하다. 그리고 시부모에 대한 자식의 의무에 대하여도 남자보다는 여자가 훨씬 강하게 나타난다.

시부모를 한집에서 모실 때에도 아들인 자식은 최소한 예의만 갖추면서 인사를 드리고 하루하루를 지나지만, 며느리는 마음속으로 좋든 싫든 시부모를 모시는 것이 며느리의 의무라고 생각하여 그 의무를 다하는데 끈기와 인내를 가지고 이웃과 다른 친척 어른들도 의식하면서 모시게 되며, 때로는 시부모에게 억울한 말씀도 듣게 되고 잘못한 점에 대하여 꾸중도 자주 듣게 된다.

이때 며느리는 시부모가 자기보다는 일찍 이 세상을 하직할 것이기에 살아계시는 동안 최선을 다해 모시려고 애를 쓴다. 특히 사랑하는 남편의 부모이고 사랑하는 자식의 조부모이기에 자기의 책임을 다하려고 한다.

이처럼 며느리는 마음속으로 진정한 사랑이 교차하지 않는 사이인 시부모를 한두 해도 아닌 오랜 기간 모시면서 자기의 의무를 다하여야 한다는 책임 의식과 하루하루를 참고 견디는 인내심이 남편보다는 훨씬 강하다. 또한, 남편에 대한 내조에서도 항상 남편이 잘되기를 바라면서 정성 어린 사랑으로 아침에는 남편의 넥타이를 매어 주며 먹기 싫어하는 남편에게 아침 식사를 조금이라도 더 먹게 하여 출근할 때 대문까지 따라 나와 남편이 직장에 잘 다녀오기를 바라면서 인사를 한다.

남편과의 관계에서 서로 사이가 좋을 때는 즐거운 마음으로 서비스를 하겠지만, 사람이 살다 보면 때로는 냉전기도 있을 것인데 이 냉전기에도 남편이 자기의 잘못을 깨닫고 사과할 때까지 묵묵히 아무 말 없이 기다리며 아침 식사를 차려 주고 깨끗이 빨아 다림질한 와이셔츠를 남편에게 입히는 것이 아내일진대 이 아내인 여자는 남자보다도 훨씬 강한 면을 가지고 있다고 하겠다.

우리가 어릴 때 누나의 모습이 지금도 또렷하게 생각나고 때로는 아름다운 추억이 되었을 것이다. 누나도 그 당시에는 우리와 같이 어린이였지만, 나이 몇 살 많다는 이유에서 또, 손위 누나라는 이유에서 우리에게 약한 모습을 보이지 않고 매우 어른답게 보이려고 하였다. 가정이 어려워 새 연필이나 공책을 살 형편이 못 되어도 장날에 먹고 싶은 호떡을 사 먹지 못해도 우리 동생들을 위로해 주었다.

또한, 형님이 장가들어 형수가 생기게 되었을 때 시동생들에 대하여도 때로는 누나와 같이 우리 시동생들을 다스렸다. 이때 시동생들은 형수씨 말씀을 잘 듣지 않고 속을 썩이기도 하였으나 형수씨는 너그러운 마음으로 우리를 대해 주었다.

이처럼 누나나 형수씨가 남동생이나 시동생에게 사랑과 자비를 베풀면서 끈기를 가지고 이끌어 나가는 하루하루를 보냈음은 여자의 강함을 잘 보여 주는 것이다.

여자는 겉으로만 약해 보일 뿐이며, 실제로는 남편의 내조자인 아내, 시부모의 며느리, 남동생의 누나, 시동생의 형수씨는 끈기와 넓은 마음씨로 꿋꿋하게 이 세상을 살아가는 강한 여자다.

이 여자의 강함은 세월이 갈수록 나이가 들수록 신축성 있게 움직이는 것 같다. 따라서 나이가 젊었을 때는 여자의 강함은 겉으로 드러나지 않게 속으로만 나타났으나 나이가 육십을 넘기게 되면 겉으로 나타나 누가 보아도 여자의 강함이 보이기 시작한다. 나이 들어 몸이 약해져도 여자로서의 강함은 변하지 않을 것이다.

3. 여자는 사랑이다

　사랑이란 아끼고 위하며 한없이 베푸는 일이나 그 마음 또는 남녀 간에 정을 들여 애틋이 그리워하거나 그러한 관계나 그 상대의 마음을 말하는 것으로 어머니의 사랑 또는 사랑하는 사이 '사랑에 눈이 멀다'라고 말하기도 하며 동정하여 너그럽게 베푸는 일로 수재민을 위한 사랑의 손길이라고 말하기도 하며, 어떤 사물이나 대상을 몹시 소중히 여기거나 그 마음으로 별과 하늘과 음악을 사랑하였다고 표현하기도 한다.
　필자가 말하고자 하는 '여자가 있었기에 사랑을 가져오게 되었다'는 그 사랑은 주로 남녀 간에 정을 들여 애틋이 그리는 것으로 표현하였으나 서로 아끼고 위하며 한없이 베풀고자 하는 마음도 포함되어 있다.
　우리가 어린 시절 남자만 있었다면 애틋한 사랑은 싹트지 않았을 것이지만, 남녀가 있었기에 서로 위하고 싶고 무엇이든 베풀고 싶고 같이 놀고 싶고 같이 숙제도 하고 싶고 시간이 나면 같이 지내고 싶은 마음이 생기게 된다. 이러한 마음은 여자가 있음으로써 남자에게도 생기게 되며, 남자가 있음으로써 여자에게도 생기게 된다. 그리고 중고등학교 시절에는 공부하는 일에 쫓겨 남녀가 서로 만날 기회가 없었으나 만약 남녀공학이나 여동생 친구들과 같이 놀거나 공부하거나 여가를 얻어 캠핑 등 야외생활의 기회가 생겼다면 남녀 모두 자기의 모습에 신경을 써서 꾸미려 하고, 입는 옷 중에서 가장 마음에 드는 옷을 입으려고 하고, 얼굴도 아름답게 꾸미려고 하고, 만나서 말을 할 때는 최고의 교양 있는 말만 하려고 하여 상대에게 좋은 인상을 보이려고 할 것이며 이것이 바로 사랑의 시작이 아니겠는가?

또한, 대학 시절이나 사회생활을 할 때도 마음에 드는 남녀가 만나거나 만나기 위하여 자기의 모습이나 말과 행동에 무척 신경을 쓰며 상대에게 잘 보이려고 한다.

남녀가 만나면 우선 수줍어하게 된다. 이 수줍음은 어린 시절에 더욱 많이 나타나다가 나이가 들어갈수록 줄어들어 성인이 되면 오히려 연애의 조건이나 결혼의 조건 등이 자기에게 부합하는지를 따지게 된다.

남녀 간의 사랑이란 사귀면 사귈수록 진전되고 발전한다. 마음에 맞는 남녀가 나타났을 때 공부도 같이 하고 싶고 영화 구경도 같이 하고 싶고 식사도 같이 하고 싶고 차를 마시며 같이 얘기하고 싶고 서로 좋아하는 스타일을 파악하고 싶고 나는 상대가 좋아하는 스타일에 맞는지도 생각해 보며, 자기에 대한 생각이나 견해에 대하여 토론도 하고 싶고, 상대의 뜻과 생각이 자기에게는 부합하는지 아니면 비판의 대상이 되는지도 자문하면서 서로가 탐색하게 된다.

그래서 남녀 모두 어느 정도 서로 좋아하게 되면 돈을 많이 쓰게 되어도 아까운 줄 모르게 되고 시간이 너무 짧게 느껴져 별로 할 말을 하지도 않았는데 오전이 가고 또 오후가 지나가 헤어지는 시간이 다가오곤 한다.

이처럼 남녀가 사랑하게 되었을 때는 포옹하고 싶고 손도 잡고 싶고 키스도 하고 싶고 자고 싶고 결혼하여 같이 지내고 싶고 아이도 낳아 가정을 꾸리고 싶어진다.

이때쯤 되면 양가 부모에게 서로 인사를 하게 되며 남자의 경우 여자 쪽 부모에게 잘 보이고 싶어 말과 행동을 조심하게 되고, 자기 부모보다 훨씬 많은 관심을 쏟게 되며, 여자의 경우도 남자 쪽 부모에게 잘 보이려고 말을 할 때도 최고의 경어와 교양 있는 용어 등을 골라 쓰게 되며, 행동도 매우 조신하게 하여 좋은 인상을 주려고 최선을 다하게 되며 오히려 잘 보이기 위하여 자기 부모에게보다 몇 배나 더 애를 쓰며 노력을 다하게 된다.

그래서 남녀 간의 사랑은 아름답고 위대하며 신비하기도 하지 않은가? 이 세상에 여자가 없다면 이와 같은 아름다운 사랑은 존재하지 않을 것이다.

한편 어머니의 자식에 대한 사랑은 어떠한가? 자식은 어머니의 깊고 가없는 사랑을 다 이해하지 못한다. 어머니는 이 세상에 나를 태어나게 하시고, 젖을 물려 자라게 하시고 입을 것을 주시고 목욕을 시키며 기저귀를 갈아 주는 정성을 들여 길러 주시고 교육을 받게 해 주시고 결혼까지 하는 데 뒷바라지를 하신 분이 아니겠는가? 그러므로 어머니는 하느님 다음으로 위대하시고 커다란 사랑 덩어리이시며 이 사랑은 자식에게 내려가는 내리사랑으로 끝없는 사랑이다.

우리가 어렸을 때 어머니 없이 살 수 없었고, 그렇게 생각하며 자랐으나 우리가 성인이 되었을 때 자식의 어머니에 대한 사랑은 유한하여 정겨움은 어디로 도망가고 어쩔 수 없는 의무에 따른 형식적 사랑만이 남아 있는 것이 일반적인 추세다. 이 얼마나 안타깝고 한심한 일인가.

그러나 자식의 어머니에 대한 사랑이 형식적이고 메말랐어도 어머니의 자식에 대한 내리사랑은 언제나 마르지 않는 샘물처럼 어제도 흘렀고 지금도 흐르고 내일도 흐를 것이다.

자식이 어머니에게 어떻게 하든 따지지 않고 항상 주기만 하는 내리사랑을 하는 위대한 어머니 또한 여자이며, 이 세상에 여자가 없었다면 어머니 또한 없는 것이기에 여자는 존경받아야 하며 항상 나의 머리 위에 계신다.

4. 고통을 숙명으로 생각한다

사람이 한평생 살아가는 데에는 많은 고통이 따르게 된다. 이 고통에는 육체적 고통도 있겠으나 정신적 고통도 있으며 때로는 정신적 고통이 육체적 고통보다 더 심할 때가 많다. 특히 여자에게는 남자보다 더 많은 고통이 따르게 마련인데 여자는 남자보다 힘이 모자라기에 길가에서나 또는 골목길 등에서 언어폭력을 당하거나 심지어 주먹질을 당하는 경우도 있어 이 얼마나 모욕적이고 창피한 일인지 그 고통을 짐작할 수 있다. 이러한 경우는 여자의 입장에서 아무런 잘못을 하지 않았는데도 깡패와 같은 남자들이 장난삼아 약한 여자에게 고통을 가하는 것이므로 이 고통을 당하는 여자의 입장에서는 가해자를 죽이고 싶도록 미워하면서 때로는 복수하고 싶은 마음이 간절하나 힘이 모자란다는 점과 깡패 남자와 다투지 않겠다는 품위 유지로 자기의 마음을 추슬러 참고 견디면서 가해자가 반성하여 다시는 다른 여자들에게 이러한 행동을 하지 않도록 빌면서 참고 기다린다.

여자는 결혼하여 임신하게 되면 이 임신기간에 먹은 것이 토할 것 같고 밥맛이 떨어져 식사를 제대로 못 하는 고통이 따른다. 때가 되어 출산할 때 하늘이 노랗게 보일 정도로 아픈 고통을 겪게 된다. 심지어 신발을 벗고 산실로 들어갈 때는 그 신발을 보며 다시 저 신발을 신을 수 있을까 하고 이 세상의 마지막이 될지도 모른다는 생각을 할 정도로 출산이란 위험하고 거기다 많은 고통이 따르게 된다. 남편과의 사랑의 결실인 임신이어서 매우 기쁘고 축하받을 일이지만, 이처럼 임신한 여자의 입장에서는 얼마나 참기 힘든 고통이고 아픔이겠는가?

그러나 그 고통이 끝나고 자식을 출산하였을 때는 그동안의 산통의 고통은 잊어버리고 사랑스러운 마음으로 태어난 아기를 품에 안고 젖을 물린다. 또 산통의 고통을 겪으면서 순간적으로 그렇게 미워했던 자기 남편도 이제는 밉지 않고 오히려 아기 아빠가 된 남편이 있어 든든함을 느낀다.

또한 결혼하여 시부모가 생기게 되는데, 시부모 중에는 며느리에게 사랑을 주는 경우도 있으나 때로는 무리한 명령이나 요구를 하는 경우도 있어 시부모와 불편한 관계가 되어 가정불화가 일어나는 경우가 많다. 이럴 경우 남편을 괴롭게 하여 시부모에 대한 불편한 관계를 해소하려는 경우도 있으나 대부분 여자의 경우 아랫사람인 며느리가 시부모께 잘못을 빌거나 자기의 입장을 이해해 달라는 뜻으로 조심스럽게 말씀을 올려 시부모의 오해를 풀어 가정의 평화를 지키려고 한다. 이렇게 함으로써 남편의 처지를 이해하고 그 입장이 곤란하지 않게 하여 내외간의 사랑을 유지하며 가정의 평화를 지속하게 된다. 이때 시부모와 며느리가 같은 지위에 있는 사이였다면 잘못을 빌거나 조심을 다하여 말씀을 올리지는 않았을 것이나 아랫사람으로서 시부모와 대적하지 않고 고통을 감내하면서 웃어른에게 사과하거나 잘못을 빌거나 대단한 저자세로 자기의 뜻을 전하며 참뜻을 이해시키게 된다.

또한 시동생 시누이와의 관계에서도 서로 오해하여 불편한 일이 생기게 마련이다. 시동생이나 시누이가 너무나 무리한 요구를 한다든지 시부모께 며느리를 나쁘게 일러 고부간의 갈등이 일어나도록 한다든지 며느리의 일거수일투족 하나하나가 못마땅하여 좋은 점은 말하지 않고 좋은 점도 모두 나쁘게 어른들께 고자질하거나 아니면 조금 큰 시동생이나 시누이의 경우에는 직접 공격하는 경우도 많다. 이러한 경우에도 여자인 며느리는 모든 것을 참으면서 좋게 해명할 것이 있으면 해명하고 그렇지 못한 경우에는 참고 견뎌야 한다. 이처럼 시부모에 대한 며느리의 불편한 관계와 시동생 시누이와의 오해를 해결하기 위해서나 죄 없는 남편을 전장에 끌어들이지 않으려면 사과하든지 아니면 참고 견뎌 가정의 평화를 추구하여야 한다. 이러한 고통 또한 여자의 숙명으로 여기고 내일의 영광을 기대하면서 하루하루를 보내게 된다.

그리고 남편과의 관계에서 남편이 크게 심한 말을 한다든지 농담이라 해도 너무 심한 말이나 행동을 할 때가 있다. 그럴 때는 참지 말고, 따져 물어보고 그 해명을 구해야 한다. 특히 여자의 인격에 치명적인 말이나 행동은 아무리 허물없는 부부간이라 할지라도 그것을 따져 해명을 구하는 것은 당연하다 하겠다. 그러나 장난기 있는 농담이거나 그리

심하지 않다고 여길 정도의 언행은 이해하자는 마음에서 아량을 베풀게 된다고나 할까? 아니면 이런 가벼운 고통은 여자니까 참아야지 하고 지나가게 마련이다.

또한, 남편 수입으로 아이들 교육비와 어른들의 생활비 등에 지출하면서 부족이 생길 때나 저축의 여력이 없어 10년이 지나도 자기 집을 마련할 수 없다고 판단될 경우 남편과 자식이란 공동체의 행복을 위하여 생활 전선에 나서는 것이 아내인 여자이다. 이때 여자는 돈의 중요성을 깨닫고 더욱더 내핍 생활을 하는 고통을 감수하게 되고, 취업이나 개인영업 경영으로 많은 고생을 하게 된다. 만약 계약직으로 직장에 취업했다면 정규직 동료들이 자기를 무시하는 경우가 종종 있게 되고, 집에서 살림이나 열심히 하지 느지막이 직장에 나와 별 능력도 없이 이 고생을 하느냐고 무시를 당하기도 한다. 조그만 사업을 시작하였을 때는 자본의 부족으로 사업확장에 한계를 느끼기도 하고 육체적 고통도 집에서 살림만 할 때보다는 그 고통이 배가 되어 말할 수 없이 크게 된다.
이렇게 생활 전선에 나서게 되었을 때 주위 동료들의 멸시뿐만 아니라 남성 동료들의 유혹, 성적 부진에 대한 상사의 멸시와 학대, 동료 여직원 간의 불화, 필요한 휴가 신청 때의 불친절함 등과 자기 사업을 할 때는 육체적 고통뿐만 아니라 정신적 고통이 따르게 된다. 이도 여자이기에 감당해야 할 숙명으로 여기면서 이겨야 한다고 생각한다.
이러한 고통을 숙명이라고 참고 견딘 뒤에는 반드시 영광과 희망과 평화가 오리라는 확신을 하며 오늘도 하늘을 쳐다본다. 그리고 두 손을 모은다.

5. 여자는 베풀기만 한다

　여자는 남자보다 육체적으로는 약해서 때로는 약함의 서러움을 감수하면서 유치원과 초등학교를 졸업하게 된다. 그리고 중고등학교에 진학하였어도 동년배 또래의 남학생으로부터 아무 이유 없이 욕설도 듣게 되고 때로는 못된 남학생의 완력에 못 이겨 구타를 당하기도 하면서 학교를 졸업하게 된다. 대학생이 되었을 때는 여학생이라고 하여 중고등학교 시절과는 달리 억울한 말이나 행동에 시달리는 일은 별로 없고 열심히 공부도 하고 열심히 취미생활도 하게 되며 남학생과 낭만을 꿈꾸며 즐기기도 한다.
　그리고 자격시험에 합격하게 되면 그곳에 취업하게 되거나 아니면 일반 회사나 공직사회에도 진출하여 자기의 꿈을 키우게 된다. 그러다가 좋아하는 사람을 만나 사랑을 나누게 되고 드디어 결혼도 하게 되며 아이도 낳아 단란한 가정을 꾸려 행복을 누리면서 살게 된다.

　이때 남편과 비교하여 누가 더 바쁘며 고통이 많겠는가를 살펴보자.
　출근 준비를 위하여 아침에 일어나는 시각이 아내 쪽이

훨씬 빠른 것이 일반적이다. 그것은 아침 식사 준비와 청소 그리고 아기 돌봄 등으로 아침에 할 일이 많다. 이때 아침 청소는 남편이 도와준다 하더라도 출근 전 아침 일은 아내 쪽이 훨씬 많다. 그리고 직장에 나가서 하는 일의 양은 직장에 따라 다르겠으나 대개 남자나 여자의 업무량이 거의 같다고 보므로 퇴근 시간도 거의 같다고 하겠다. 그러나 현실적으로 보면 대개 남자의 경우가 업무량이 많아 특근을 하는 경우가 많으며 결혼한 여자의 경우는 대개 야근이나 특근을 하지 않는 편이라 여자는 정시에 퇴근하여 귀가하는 경우가 많다. 그러나 현대사회에는 남녀 구분 없이 능력에 따라 업무량이 배정되고 승진도 하게 되므로 여자의 경우에도 특근하는 경우도 있다고 하겠으나 결혼한 여자의 경우 귀가하여 저녁 준비 등을 하여야 함을 고려하여 그만큼 업무량을 조금 가볍게 배려하는 것이 현실이라고 본다.

이때 남자들의 경우에는 과다한 업무량으로 특근하는 경우도 있으나 그렇지 않은 경우에도 동료들과 같이 회식을 하거나 친구들과 같이 저녁 식사를 하면서 귀가가 늦어지는 경우가 많다.

이럴 때 여자인 아내는 남자들을 이해하는 것이 오늘의 일반적 현실이라고 본다면 여자의 경우 귀가 후 노동시간의 과다나 남편의 늦은 귀가를 이해해야 함은 여자이기에 감당하는 고통이 아니겠는가? 하여튼 가정에서 일하는 시간은 아내가 남편보다 훨씬 많은 것은 사실이다. 가족에게 먹일 식사 준비, 아기 돌보기, 집 안 청소 등 대부분 여자 쪽의 일이라는 점에서 여자가 더 많은 고통을 참고 견디며 살아가고 있다. 그러나 남녀가 서로 사랑해서 이룬 가정이므로 불평은 사라지고 오직 이해만이 있게 되어 고통을 참고 견디게 된다.

또한 자식을 낳았을 때 어머니의 한없는 사랑을 베풀어 자식에게 먹을 것을 주고 입을 옷을 세탁해 주고 잠자리를 보살피면서 온 마음을 다하여 자식을 성장시키게 되며 거기다 최고의 자식을 만들기 위하여 학교 교육 외에 과외 공부도 시키면서 먹을 것이 모자라 영양실조가 될까 염려되어 좋다는 음식을 만들어 자식에게 먹이면서 최선을 다한다. 자식이 대학을 졸업하고 대학원을 수료한 후 사회에 진출하게 되었을 때 짝을 구하여 결혼까지 시켜주고 거기다 살림집까지 마련해 주게 되는 것이 우리나라 어머니들이 자식에게 베풀고 있는 현실이다.

그리고 시부모와 따로 살고 있어도 생신날이면 특별한 음식을 차리고 용돈을 드렸고, 설날, 추석, 제삿날에도 참여하여 일을 도우면서 용돈을 드린다. 시부모께서 편찮을 때는 직장에서 휴가를 얻어 병원에 모시고 다니면서 치료를 도왔고 부모님과 연관된 시동생, 시누이 결혼 시에도 목돈을 지출하면서 최선을 다하였다.

남편보다 내가 조금 더 집안일을 많이 할 때도 남편에 대하여 어떤 보답을 바란 적은 없으며, 사랑하는 사람에 대한 오직 나의 임무를 다한다는 마음이었고, 자식에 대하여 열정을 다 하고 사랑을 다 하여 먹이고 입을 옷을 주고 잠자리를 보살펴 주고 잘되라고 교육시켜 좋은 배필을 만나 결혼하게 하는 것이 부모의 의무라 생각하였다. 그러면서도 보답을 받을 생각은 추호도 없었다. 다만 부모의 가없는 사랑이 있었을 뿐이다.

그리고 부모님과 시동생, 시누이에 대하여 부모님을 존경하면서 부모님 생신을 챙기고 용돈을 드리면서 축하를 보내는 일이나 시동생, 시누이와의 관계를 돈독히 하고 그들을 뒷바라지하는 데 최선을 다하는 것은 여자인 며느리로서 최선의 도리이며 당연한 임무이기에 행한 것이지 어떤 보답을 바란 적은 없다.

이 세상의 여자들은 보답 없는 베풂을 행하는 자들이기에 매우 위대하고 존경받아야 하지 않겠는가?
옛날이나 지금이나 미래에도 여자의 위대성을 우리 모두 우러러보아야겠다.

6. 여자가 혼자 남았을 때

우리나라 평균 수명은 여자가 남자보다 약 8세에서 9세가 더 길다고 발표되고 있으므로 아내가 남편보다 평균적으로 오래 산다. 경우에 따라서는 아내가 먼저 죽는 가정도 있지만, 대개 남자가 먼저 죽게 된다. 30대에 결혼하여 70대에 남편이 돌아간다고 할 때에 결혼하여 한 가정에서 같이 생활하며 자식을 낳고 교육시켜 결혼시키고 같이 사는 기간은 40년 정도이거나 조금 더 길면 50년 정도 된다고 본다.

이처럼 여성이 결혼하여 남편과 같이 생활하면서 남편의 출근을 돕고 집에서 밥하고 빨래하고 청소하는 집안일을 비롯하여 시부모, 시동생, 시누이, 친정 부모, 친정 형제자매 등과 교분을 나누거나 돕거나 도움을 받거나 하기도 한다. 아이가 태어나면 그 아이에게 젖이나 우유를 먹이며 옷을 빨아 입히며 잠재우기도 하면서 키워 유치원이나 학교에 보내게 되면 그 아이의 교육에 도움이 되도록 때로는 학교 선생님과 상의도 하고 모자라는 과목은 과외 공부도 시키고, 영양이 부족함이 없도록 먹을 것을 보살펴 주기도 한다. 그뿐만 아니라 남편에 대하여도 식사를 챙겨 건강에 이상이 없도록 신경을 쓰고, 입는 의복의 세탁은 물론이고 밖에서 일하는 남편의 외모와 의복에도 신경 써서 보살핀다. 깨끗한 이부자리 제공을 위해 그 세탁에도 온 신경을 다 쓰게 된다.

그리고 식구 중 남편이나 아이들이 아플 때는 아내로서 어머니로서 정성을 다하여 병의 회복에 진력하게 되며, 이는 시부모님이나 친정의 부모님뿐만 아니라 형제자매의 경우에도 마찬가지이다.

그리고 남편과 오래 살다 보면 남편이 속상하게 하는 경우가 많다. 때로는 남편이 여자 문제로 아내의 마음을 매우 상하게 하는 경우도 있으며, 남에게 돈을 빌려주어 떼이는 일이 생겨 돈 문제로 마음이 상할 경우도 있고, 부모나 형제자매와의 불화로 아내의 마음을 매우 상하게 하거나 불편하게 하는 경우도 많다.

세월이 흐르고 흘러 아내의 나이 70이나 80을 훨씬 넘기게 되었을 때 이제 남편이 돌아가셨으면 얼마나 좋을까? 하는 생각을 잠시 잠깐씩 하면서 하루하루를 보낼 때도 있다. 이러한 마음을 가지게 되는 이유로는 이제 늙어 허약해진 몸으로 남편의 수발이 매우 힘들게 느껴지기 때문이다. 몸이 늙어 누우면 일어나기 어렵고, 조금만 일을 많이 하면 몸이 아프기도 하고 혈압도 높고 당뇨도 생기고 허리나 다리 관절에도 퇴행성 염증 등이 생겨 조금만 움직여도 아픔과 고단함과 피로를 느끼게 되어 남편이 물심부름 등을 시키거나 발 심부름 등을 시킬 때에 거절할 때도 있고, 때로는 불평을 하면서 마지못해 할 때도 있다. 남편에게 식사를 차려 주고 빨래하고 청소하고 심지어 남편에게 용돈까지 챙겨 준다는 것이 같이 늙어 가는 아내인 여자의 입장에서 매우 피곤하고 고통이 되는 경우가 많다.

그러면서 두 내외가 한집안에서 살다가 남편이 갑작스럽게 심장병이나 뇌출혈 등으로 돌아가게 되거나 아니면 돌이킬 수 없는 병인 암으로 돌아가게 되었을 때 아내는 당황하면서도 아들딸 앞에서 어른다운 모습을 보이려고 애쓰면서 성스러운 송별 절차를 거쳐 남편과 이별을 고하게 된다. 처음 몇 달은 남편이 돌아가셨다는 실감이 나지 않고 자기 옆에 있는 것만 같다가 시간이 흐를수록 아침이 다가와도 누구를 위해 식사 준비를 하지 않아도 되고, 내의를 갈아입었다고 빨랫감을 내놓는 일도 없고, 철이 바뀌어도 양복을 바꿔 입는 일도 없고, 잔심부름시키는 일도 없고, 어디 모임에 나갈 테니 용돈 몇 푼 달라는 말도 없고, 밤에 텔레비전 채널을 두고 다툴 일도 없고, 과일이나 물을 달라는 말이 없음을 느끼면서 혼자만 떨어져 있다는 것을 실감하고는 고요와 고독이 엄습해 온다.

결혼하여 생사고락을 같이한 지 50여 년 동안 남편을 보필하느라 많은 육체적 정신적 수고가 있었으나 이제는 누구를 위한 어떤 수고도 없이 어제도 지나갔고, 오늘도 편안히 지나간다. 돈의 쓰임도 매우 절약되면서 오랜만에 자유가 찾아와 너무나 좋아 날아갈 것만 같았다. 그러나 저녁 식사 후에 얘기를 나눌 사람이 없어 매우 심심하고 외롭다는 생각이 아내의 머리를 스쳐 지나간다.

자식들이 아버지 재산의 상속 문제로 의논을 한다. 자식들도 자기 아내 자기 남편이 있어 둘의 의논 결과를 어머니에게 말하는 것이겠지만, 어머니에게는 매우 섭섭한 제안이다.
　아버지가 돌아가시고 나면 그 재산은 상속세를 제외한 나머지를 아내인 어머니에게 다 돌려주고 그 어머니가 돌아가셨을 때는 어머니의 뜻에 따라 처리하였으면 하는 것이 아내인 어머니의 바람이지만, 자식들의 의견은 그렇지 않아 남편을 잃은 어머니인 아내의 마음을 매우 슬프게 한다. 아버지 돌아가시고 6개월 이내에 재산을 처리하여야 한다고 자꾸만 재촉한다. 아버지의 재산 형성에 이바지한 사람은 남편인 아버지와 아내인 어머니일진대 어찌 자식 관계 하나만의 이유로 아버지 재산을 달라고 하는 것인지 아내는 이해가 가지 않는다. 갑자기 속으로 눈물이 흐르면서 자식들 때문에 섭섭한 심정을 하소연할 사람이 없다는 외로움에 남편이 없는 빈자리가 무섭도록 가슴이 아파온다.

　남편이 살아있을 때 육체적으로 너무나 고단하여 남편이 먼저 돌아가셨으면 좋겠다고 생각한 것이 남편을 먼저 가게 한 것 같아 가슴을 두드리며 통곡을 한다.
　남편이 살아 있어 집안일 등을 의논하여 결정하고 집안일을 도와주던 일이나 간단한 심부름이나 청소를 도와주던 일 그리고 오순도순 자식들에 관한 얘기나 옛날얘기 등을 하던 그때가 그리워진다. 남편이 떠나간 세상에서 아들 내외의 상속재산 처리에 대한 의견을 들으면서 더욱더 남편이 그리워진다. 영감! 부디 나의 손을 잡아주소서! 나의 어리석음을 용서하소서!

제5부
그래도 이 세상은 살 만하구나

1. 시묘살이와 효성
2. 의협심 강한 사람들
3. 어린아이의 웃음
4. 죽음 앞에서도 비굴하지 않는 품위
5. 풍요의 계절이 있어 살 만하다

1. 시묘살이와 효성

  내가 알고 있는 분 중에 부모님에 대한 효성이 아주 지극한 분이 있다. 지금부터 그분의 이야기를 소개하고자 한다.

  6·25전쟁이 발발했던 1950년 그 이듬해 경남 산청의 산골에서 어느 농부의 큰아들로 태어났다. 초등학교는 산청에서, 중고등학교는 진주에서, 대학은 서울에서 공부를 마치고는 서울에 있는 모 기업에 취업하여 앞으로 열심히 노력하고 성실히 근무하여 새로운 아이디어로 회사 이익에 크게 이바지하여 사장까지 승진하여 퇴직하리라고 커다란 꿈을 가지고 첫 발걸음을 떼었다. 회사에 열심히 근무하면서 대리, 과장, 부장, 상무까지 승진도 하고, 그동안 조금씩 저축하여 조그마한 아파트도 마련하였고, 자식들 공부시킬 정도는 되었다.
  그러나 집안의 장남으로 태어나 아버지의 헌신적인 배려로 대학을 무사히 마칠 수 있었으나, 동생들은 학비나 결혼 비용 등을 아버지께서 마련하시느라고 농지 일부를 팔게 되었다. 그러나 아버지께 경제적으로 도움을 드릴 수 없었다. 그러다 퇴직하여 집에서 할 일 없이 시간을 보내고 있을 때 아버지께서 돌아가셔서 바로 고향으로 내려와 아버지 무덤 옆에 막을 짓고 시묘살이에 들어갔다. 어둠이 드리우는 한밤에 잠은 오지 않고 옛날 아버지 생각을 해 본다. 초등학교 어린 시절에는 공부를 열심히 하라는 아버지 말씀에 잘 따르지 않았고, 아버지께서 심부름을 시켜도 그것이 하기 싫어 시간을 끌다가 하는 수 없이 심부름하였던 일, 아버지께서 공부를 많이 하지 못하셔서 농사일만 하게 되었다고 하시면서 열심히 공부하라는 말씀을 거의 매일 하다시피 하여도 그 말씀이 그리 중요하다고 생각지 않고 다른 생각을 잠깐 하다 아버지에게 꾸중 듣던 일 등이 생각난다.

서울에서 봉급생활자로 살면서 그리 넉넉한 살림은 아니었더라도 자주 손자 손녀 데리고 찾아뵙지 못한 것이 너무나 가슴이 찡하게 느껴진다. 지금 돌이켜 생각해 보면 맏손자 손녀를 세상에 둘도 없이 귀엽게 여기고 사랑하셨는데 바쁘다는 이유로, 돈이 든다는 이유로, 아이들 공부에 지장이 온다는 이유로, 그리고 어미가 너무 자주 시골에 내려가는 것을 좋아하지 않는다는 이유로 생전에 아버님 뵙는 것을 게을리하여 너무나 불효한 것을 생각하며 눈물이 흘러내리건만 지금 아버지는 아무 말씀 없이 태연히 누워만 계신다.

그리고 서울에서 봉급생활자로 지내다 보니 경제적으로 여의치 않아 아버지께서 바라시는 만큼 동생들 공부하는 데 경제적인 도움을 주지 못하였고 부모님의 기대를 충족시키지도 못했다. 그리고 아버지께서 편찮을 때 장남으로서 자주 찾아뵙는 것이 당연할진대 그렇게 하지 못했던 점 등이 부끄럽게 하면서 후회로 남는다. 그리고 낮에 잠깐 볼일이 있어 아버지 옆을 떠났다가 저녁때가 되어 다시 막에 돌아오면 아버지께서 "볼일 다 보았더냐? 낮 동안 말벗이 없어 외로웠다."고 하시면서. 속으로는 이제부터 볼일이 있어도 나가지 말고, 같이 얘기하고 놀자고 하시는 것 같았다.

3년의 시묘살이를 마치고 생존해 계신 어머니를 돌보며 나름대로 후회 없이 모시면서 효성을 다하기로 하였다.

첫째 식사를 맛있게 드시게 하는 일이었다. 보리밥은 싫어하시기에 쌀밥만 드리고 좋아하시는 호박죽을 드리기도 하며 생선이나 나물이나 김치는 제철 생선, 제철 나물로 마련하여 드리면서 우선 식사를 맛있게 드시도록 하였다. 그리고 간식으로 좋아하시는 과자류도 드시게 하였다.

둘째 옷은 값이 그리 비싸지 않은 것으로 사 입도록 하였으며 특히 속옷은 여유 있게 갖추고 입으시도록 하였다.

셋째 어머니에 대한 효는 마음을 편하게 하는 것이라 믿고 어머니의 마음이 불편한 이유를 살펴보니 그것은 어머니의 다리가 아픈 것이었다. 병원에 모시고 가서 검사한 결과 무릎 관절에 염증이 있다고 했다. 그러나 나이가 있어 수술은 힘들므로 주사를 맞아 안 아프게 할 수 있다는 의사의 말에 따라 그렇게 하기로 했다. 또 어머니는 형편이 좀 어려운 작은아들을 생각하시면서 마음 아파했다. 나는 동생에게 연락하여 어머니에게 걱정할 정도로 어려운 것이 아니니 마음을 편하게 가지시라고 위로하도록 했다. 또 시집간 여동생에게는 어머니에게 안부 전화를 자주 하도록 했다. 그 뒤부터는 어머니가 걱정할 일이 없어졌다.

넷째는 요즈음 어머니가 며느리나 손자 손녀에 대하여 못마땅해하시는 점을 살짝 알아봤더니 며느리가 어머니를 귀찮게 여겨 싫어하는 것 같고, 손자 손녀는 늙은 할머니에게 관심이 없어 아예 대하지도 않고 얘기도 하지 않는다는 것이었다. 그래서 아내에게 얘기하여 며느리인 제가 어머니를 귀찮게 여긴다는 것은 천부당만부당한 일이라면서 절대로 오해하지 마시라는 말씀을 올렸고, 손자 손녀들도 전보다는 자주 할머님을 찾아뵙고 젊은이들의 얘기도 하고 며칠 전에 지냈던 얘기 등을 하면서 더욱 자주 소통하도록 하였다.

다섯째 어머니께 보고 싶은 사람이 있느냐고 여쭈었더니 별로 보고 싶은 사람은 없다고 하셨다. 그러나 자꾸만 여쭈어보니 외삼촌과 이모님이 보고 싶다고 하셨다. 어머니 친가 쪽 어른들이 매우 보고 싶었으나 친정 식구라 얼른 대답하지 못했다. 그래서 외삼촌과 이모님에게 연락하여 어머니가 보고 싶어 하시니 말미를 달라고 양해를 구하고는 정해진 날짜에 차로 모시고 와서는 하룻밤 어머니와 같이 주무시고는 돌아가셨다. 그 뒤로는 외가 쪽 이모님이나 외삼촌이 보고 싶으면 모셔 오라고 직접 나에게 얘기하곤 하셨다.

여섯째 노인들은 가벼운 운동을 하여야 건강해지고 오래 사신다고 권하여 매일 30분 정도 가벼운 걷기나 체조 등 운동을 하게 하였다.

일곱째 가톨릭 신자로서 일정 시간에 기도를 하게 하였다. 주무시기 전 매일 묵주기도를 청원 27일, 감사 27일 총 54일에 걸쳐 하루도 빠짐없이 하도록 하고 아침에는 아침기도 (주의 기도, 봉헌의 기도 등), 저녁에는 저녁기도(반성의 기도, 통회의 기도, 신덕송, 망덕송, 애덕송 등)를 나와 같이하도록 하였다. 이렇게 기도하는 생활을 계속함으로써 어려운 일은 주님에게 의지하며 가난하고 병든 어려운 이웃들에게 베풀고 봉사하는 마음이 남이 느낄 정도로 발전했다.

여덟째 어머니에게 용돈을 드리도록 하였다. 이 돈으로 잡수시고 싶은 것을 사서 드시기도 하며, 손자 손녀가 왔을 때 심부름을 시키고 그 값으로 용돈을 주기도 하신다.

아홉째 손자 손녀에게 할머니에게 특별히 심부름도 잘하고 좋은 얘기도 해 드리고 웃기기도 하여 효도를 다하고 할머니의 마음을 기쁘게 해 드리도록 간곡하고 진지하게 부탁하였다. 그 결과 아이들이 자주 할머니를 찾아뵙고 효성을 다하고 있고, 할머니는 매우 기쁜 마음으로 손자 손녀들을 사랑하고 있다.

돌아가신 아버지께서 살아계실 때 나의 어린 시절, 중고등학교, 대학 시절, 사회생활을 하던 시절 아버지께서 가없는 은혜를 베푸셨지만, 나는 그 은혜의 백 분의 일도 갚지 못했는데 돌아가시게 되어 매우 안타깝고 미안한 마음으로 불효를 뉘우치며 아버지 옆에 막을 짓고 3년간 시묘살이를 했다. 이것은 돌아가신 아버지를 사랑하고 존경하는 마음에서 비롯되었다고 하지만, 어쩌면 아버지에 대한 미안하고 부담스러운 내 마음을 편안하게 하기 위해서라고 생각되며, 어머니께서 돌아가셔도 3년의 시묘살이는 아버지와 똑같이 할 것이다. 그렇게 해야 마음이 편안할 것 같으니까.

2. 의협심 강한 사람들

 의협심이란 일반적으로는 자기를 희생하면서라도 불의의 강자를 누르고 정의의 약자를 도우려는 의로운 마음을 뜻하며, 넓은 의미의 의협심은 물질적 기부나 육체적 기부를 포함하고 자기의 희생으로 이 사회의 많은 약자를 돕고 보호하려는 의로운 마음을 말한다.

 오늘날 우리 사회에서 힘이 강한 자, 세금을 제대로 내지 않는 자, 기부를 한 푼도 하지 않는 자, 어려운 일이 생기면 그 일을 피해 다니는 자들이 이 세상에 군림하면서 큰소리 치고 잘 살고 있다. 그러나 때로는 의협심이 강한 사람들도 있으니 그 예를 들어 보겠다.

 첫째 치기배들이 부인네나 노인네들의 손가방을 날치기하는 경우가 종종 있다. 이때 이를 본 젊은 청년이 그 치기배를 현장에서 잡아 경찰에 인계하는 경우가 있다.
 둘째는 보기만 하여도 무서워 보이는 폭력배 등이 힘이 약한 일반인이나 남학생, 여고생, 여대생 등을 아무 이유 없이 구타하는 경우가 많은데 이를 보다 못한 유도, 태권도 등

무술 유단의 젊은이가 폭력배와 상대하여 제압하자 그 폭력배들은 달아나고 구타당하던 사람을 폭력에서 구하여 지나던 시민이 찍은 폭력배의 사진과 함께 경찰에 신고하는 경우도 간혹 있는 일이다.

셋째는 장기 기증 형태를 빌려 신장이나 간 등 이식이 가능한 장기를 기증하는 자에게는 몇천만 원을 주겠다는 조건으로 광고한 후 이에 응하는 몹시 가난한 자나 지적 장애인에게 돈을 주고 장기를 사서 이식하는 경우도 있다고 한다. 이러한 장기이식은 불법이다. 순수한 마음으로 인륜이나 종교적 차원에서 무료로 기증하는 것이 합법인데 정신이 온전하지 못한 것과 가난하다는 점을 악용하여 돈을 주고받으며 장기를 팔고 산다는 것은 둘 다 불법이므로 이는 단절되어야 한다. 꼭 장기 이식을 해야 할 때 장기 제공자를 찾아보거나 설득하여 생명을 구하는 일이 간혹 있다고도 한다.

넷째는 지하철역에서 철로에 떨어진 어린이, 노인, 연약한 여자, 취객 등을 구하기 위해 철로로 뛰어내려 구해 주고는 자기가 구해 준 사람에게 별일 없느냐고 묻고는 아무 이상 없다는 대답과 함께 유유히 현장을 떠나는 젊은이가 있다고 신문이나 방송에서 가끔 알려주기도 한다.

다섯째 수영을 할 줄 모르거나 미숙한 사람이 해수욕장이나 저수지나 강에서 규정을 어기고 경계선을 넘어 깊은 곳까지 갔을 경우 다시 돌아오려니 수영이 미숙하여 돌아오지 못하여 위급을 당한 경우나 깊은 곳으로 너무 많이 떠내려가 다시 나오지 못하고 물속으로 빠져들어 가고 있을 때 수영을 잘하는 젊은이가 공기가 꽉 찬 타이어나 줄 등을 준비하여 들어가 위급을 당한 사람을 밖으로 데리고 나와 인공

호흡 등으로 생명을 소생시키는 일은 해수욕장이나 시골의 강, 저수지에서 흔히 있는 일이라고 한다.

여섯째 건물이 무너질 때 그 건물에 있던 사람이 죽거나 다치게 된다. 특히 큰 상가건물일 때는 입주한 사람들이나 드나드는 손님이 많으므로 수백 명의 인원이 죽거나 다칠 수도 있다. 이럴 때 의협심 많은 사람들이 자진하여 무너진 건물더미의 시멘트 덩어리를 걷어치우면서 인명을 구조하는 광경을 삼풍백화점 붕괴 때 TV에 중계되는 장면을 시청했었다.

일곱째 바다에서 배가 태풍을 만나 조난을 당하면 그 배에 타고 있던 선객과 선원이 생명이 위급하게 된다. 이때 배가 전복되지 않고 좌우로 심하게 흔들릴 때는 선장이나 선원은 바람이 부는 방향으로 선두를 움직여 안전한 곳으로 피했다가 바람이 잠잠해지기를 기다리게 된다. 그러자면 선원의 손이 부족하게 된다. 이때 젊은 남자 중 용기 있는 자는 선원의 지시에 따라 여객들을 피신시키면서 자기 목숨은 돌보지 않고 열심히 여객들을 구하는 것에 전력을 기울인다.

여덟째 대형 건물에 불이 났을 때 소방관이 소방차를 타고 현장에 오게 되는데 이 소방관이 오기 전에 이미 자기가 있는 방에 화염이 차게 되었을 때는 자기 방이나 이웃 방에 있는 사람들을 대피장소로 대피시키고 방화수나 소화전을 사용하여 불을 끄는 용감한 젊은이가 있어 많은 인명을 구하게 된다. 또한, 불난 것을 발견하였거나 불이 났다는 말을 들었을 때 옆에 있는 소화전으로 불을 끈다면 소방차가 올 필요도 없이 자체에서 불을 끌 수 있다.

이처럼 커다란 재난을 당했을 때 남을 먼저 생각하는 의협심이 강한 자들이 있어 많은 생명을 구할 수도 있다. 그러나 재난을 미리 방지하기 위해 평소 소화나 방화 훈련을 열심히 하여야 하며 이러한 훈련을 통하여 소화전의 소재 위치와 사용 방법 등을 익혀 두는 것이 매우 중요하다. 재난을 당하기 전의 훈련이 소화 방화 훈련뿐만 아니고 선박의 조난에 대비한 여객의 대피 요령, 선박의 정박 방향에 따른 정박 요령, 대피 장소로 최단시간에 이동하는 훈련도 있겠다.

아홉째 적은 연봉이나 수입에도 더 높은 비율의 사회복지비를 기부하는 경우이다. 이때 사회복지비란 학술, 종교, 자선, 기예, 사교를 위한 비용이나 학교법인 설립 유지비 등이다. 이때 적은 연봉이나 사회복지비 기부비율이 높다고 함은 연봉 1억인 사람이 사회복지비 천만 원을 기부하였다면 기부비율이 10%이나 연봉 천만 원인 사람이 사회복지비로 2백만 원을 기부하였다면 기부비율이 20%이므로 비록 기부금액상으로는 연봉이 적은 사람은 2백만 원으로 천만 원보다는 8백만 원이나 적으나 자기 수입에 대한 기부비율은 20%이므로 10%보다는 배로 높다. 이처럼 자기 수입과 비교하여 기부비율이 높은 사람은 우리가 받들고 존경해야 할 의협심이 강한 자이다.

열 번째 자기 몸을 이용하여 육아, 양로, 장애인복지시설 등에서 빨래, 이발, 목욕, 식사 준비, 청소 등의 봉사를 하는 봉사자들이 우리 주위에 많이 있다. 국가나 지방자치단체에서 설립한 사회복지법인이나 각종 종교단체에서 설립한 사회복지법인, 그리고 요즈음은 개인이 설립한 요양원이나 요양병원 등이 많이 운영되고 있으며, 이러한 사회복지법인을 운영하다 보면 사회복지사를 비롯한 보조자들이 많이 부족한 형편이라 사회복지사들을 돕고 직접 육아원, 양로원, 장애인복지시설, 요양병원 등에서 청소, 빨래, 목욕, 이발, 식사 준비 등의 봉사를 하는 분들이 없으면 그 복지원을 운영하기가 곤란한 정도이며, 만약 운영한다고 하더라도 좋은 서비스를 제공할 수 없게 된다. 따라서 이와 같은 보조 서비스를 돕고 있는 많은 육체적 봉사 기부자는 우리가 존경하고 받들어야 할 이 사회가 꼭 필요로 하는 의협심이 강한 자이다.

우리 사회는 어두운 면이 너무나 많다. 이러한 사회현상 맞은편에 의협심이 강한 사람들이 있어 이 사회가 무난히 유지되어 발전하게 된다. 이들은 절대 없어서는 안 될 사람들이며 이 사회를 밝게 비춰 주는 빛이다. 마땅히 우리가 받들고 존경하고 길이 모셔야 할 귀한 분이므로 국가나 지방자치단체도 지금보다 나은 우대 조치를 하여야 함이 마땅하다. 또한 물질적 기부자도 마땅히 존경받고 우대 조치를 받아야 할 것이고 특히 육체적 노동 기부자인 사회복지법인 봉사자들은 엄격히 선별하여 국가나 사회가 존경의 표시를 하는 방법을 연구하여 시행해야 할 것이다.

의협심 강한 자여! 그대에게 최고의 영광과 존경을 보내니 사양하지 마시고 받으소서!

3. 어린아이의 웃음

　방긋방긋 웃는 어린아이 웃음 속에서 우리는 무엇을 느낄 것인가? 방긋방긋 웃는다고 함은 입을 예쁘게 벌려 소리 없이 가볍게 웃는 것을 말하며, 이렇게 어른을 쳐다보며 소리 없이 방긋방긋 웃고 있는 웃음을 보면 느끼는 것이 있다.
　첫째는 순진성이다. 순진하다 함은 마음이 순박하고 진실하다는 뜻으로 어린아이처럼 순진하다는 말을 쓰기도 한다. 방긋방긋 웃는 어린아이의 웃음 속에는 아무런 악의가 없고 순박하고 진실하게 보인다.
　둘째는 방긋방긋 웃는 어린아이의 웃음은 어두운 절망이 아닌 밝은 희망을 의미한다. 어떤 일을 이루거나 얻고자 하는 희망이 가득 차 있다. 그래서 어린아이가 커서 공부를 하고자 하면 우등생이 될 것이고, 어른들께 사랑을 얻고자 한다면 사랑을 독차지하게 될 것이고, 친구와 싸우지 않는 착한 아이가 되고자 하면 그렇게 될 것이며, 그 밖에 무엇이든지 이루고자 노력한다면 의도한 대로 이루어질 것이다.
　셋째는 방긋방긋 웃는 어린아이의 웃음 속에는 선만 존재한다. 선이란 착하고 올바르고 어질고 좋다는 뜻이다. 따라서 선은 인간의 삶에서 최고의 이상이다. 방긋방긋 웃고 있는 웃음 속에서 악이란 상상도 할 수 없고, 선만이 존재하기에 어린아이는 무럭무럭 자라 착하고 어진 사람이 될 것이다.

넷째는 방긋방긋 웃는 어린아이의 웃음 속에는 만족만 있다. 방긋방긋 웃으며 옹알이하면서 웃고 있는 웃음 속에서 부족과 모자람은 있을 수 없고 상상도 할 수 없다. 오직 만족만이 가득 차 있어 부족과 모자람은 들어갈 공간이 없다.

다섯째는 방긋방긋 웃는 어린아이의 웃음에는 기쁨과 즐거움이 가득하다. 내일은 밝은 빛과 즐거움만이 가득할 것이다.

여섯째 방긋방긋 웃고 있는 어린아이의 웃음 속에서 위대한 꿈을 볼 수 있다. 꿈이란 우리가 실현하고자 하는 바람이나 이상으로 현실을 떠난 즐거운 상태나 분위기를 말한다. 앞으로 나는 무엇이 될까? 아니면 예술가가 될까? 아니면 불우한 이웃을 돌보는 사회사업가가 될까?

방긋방긋 웃는 어린아이의 웃음은 희망과 꿈이 담겨 있다.

일곱째 방긋방긋 웃는 어린아이의 웃음 속에는 긍정의 힘이 있다. 무엇은 되고 무엇은 안 된다는 부정의 논리는 보이지 않는다. 그 어느 것도 그럴 만한 사유가 있겠지, 하고 생각하는 긍정의 힘이 배어 있다.

여덟째 방긋방긋 웃는 어린아이의 웃음 속에서 순종의 미덕이 보인다. 우리가 무엇이든지 반항하고 이유를 붙여 불복종하는 것만이 좋은 것은 아니다. 올바른 명령에는 순종하는 자세가 필요하고 올바르지 못한 명령에는 거역하여야 할진대 방긋방긋 웃는 어린아이 웃음 속에서는 올바른 명령만이 있어 순종하는 미덕이 보인다.

　결론적으로 방긋방긋 웃고 있는 어린아이의 웃음 속에서 느끼는 것은 무엇이겠는가?
　거짓이 없고 가식이 없고 진실만이 있다. 그래서 어린아이의 건의는 받아들이고 어린아이의 질문은 더욱 자세히 친절하게 답변하여야 하며, 어린아이의 행동은 예쁘게 보아야 할 것이다. 어린아이의 웃음은 희망이기에 내일은 어제보다는 밝고 맑아 바라는 대로 이루어질 것이다.
　어린아이의 웃음은 착하고 어진 선이기에 악이 무엇인지도 모르며 악이란 단어조차 몰라서 착하고 어진 말과 행동만이 웃음 속에 배어 있다.

　어린아이는 항상 긍정적이라 무슨 일이든 결과에 만족하고 부정적 생각은 하지 않는다. 그리고 어린아이의 웃음에는 슬픔이란 있을 수 없으며 기쁨만이 있을 뿐이다. 방긋방긋 웃는 웃음 속에는 인류를 위한 위대한 꿈이 있어 항상 진취적이고 희망적이어서 항상 만족할 수 있다.
　또한 무엇이든 할 수 있다. 안 된다는 사고는 있을 수 없으며, 절망, 슬픔, 암흑, 다툼 등 극히 부정적 사고는 더욱더 있을 수 없고, 순진, 희망, 선, 만족, 기쁨, 꿈, 긍정, 순종이 배어 있다.
　어린아이의 웃음이 우리에게 기쁨과 희망을 주고 있으니 그래도 이 세상은 살 만한 곳이고 하느님이 축복해 주신 축복의 땅이다. 그래서 내일이 있고 희망이 있고 사랑이 있는 곳이고 누구나 그리워하는 평화가 있는 곳이라고 확신한다.

4. 죽음 앞에서도 비굴하지 않는 품위

　죽음이란 생의 마지막으로 목숨이 끊어짐을 의미한다. 따라서 인간은 죽음으로 모든 동작이 멈추게 된다. 팽이나 시계가 죽었다. 라는 뜻은 동작이 멈추었다는 뜻이며, 불이 꺼지거나 바둑이나 장기 둘 때 말이 적에게 잡혔을 때도 죽었다는 표현을 쓰기도 한다. 죽다는 있는 힘을 다한다는 뜻으로도 쓰이므로 죽도록 사랑한다! 죽자고 덤빈다고 표현하기도 한다. 또 죽다는 형태나 느낌이 극도에 달함을 의미하기도 하여 죽기는 정승하기보다 어렵다고 표현하기도 하며, 죽음은 보잘것없다는 뜻으로도 쓰여 없는 집안에 영화로운 일이 생길 때 죽은 나무에 꽃이 핀다고 표현하기도 하며, 죽은 정승이 산 개만 못하다는 말도 있다. 즉 죽으면 부귀영화도 소용없다는 뜻이다. 또 아주 좋아할 때 죽고 못 산다. 라고 표현하기도 하며, 아주 싫어할 때 죽기보다 싫다고 말하기도 하고, 죽음은 몹시 힘이 드는 것이라 죽을 똥을 쌌다. 라고 하기도 하며, 매우 곤란한 형편을 죽을 맛이라고 말하기도 하여 집세를 또 올려달라고 하니 죽을 맛이라고 표현하기도 한다.

이처럼 죽음이란 생의 마지막으로 모든 동작이 멈추는 것이며 죽음은 있는 힘을 다하는 것이므로 매우 어렵고 힘들고 아픈 것이기에 누구나 죽음을 싫어하고, 몹시 힘이 드는 삶의 마지막 순간을 두려워하여 주위 사람들을 괴롭게 하면서까지 죽음을 피하려고 몸부림치다가 결국은 죽음을 맞이하게 된다.

이렇게 죽음은 아픔이 동반하므로 의지와 인내에 한계가 있는 인간이 아픔을 참고 견딘다는 것은 고통이 따른다. 그래서 고함을 지르거나 악을 쓰면서 죽음을 맞이하지 않으려 한다.

인간은 눈으로 만물을 보게 되어 좋은 것, 나쁜 것을 느끼게 되고, 귀로 아름다운 새소리, 산속에서 냇물이 흐르는 소리, 시끄러운 소리, 아름다운 음악 소리, 아름다운 아가씨들의 말소리 등을 들을 수 있으며, 코로 꽃의 향기, 생선이나 소고기 굽는 냄새, 맡기 힘든 나쁜 냄새 등을 맡을 수 있고, 혀로 단맛, 신맛, 쓴맛, 매운맛을 구분하고 음식의 맛이 어떤지도 느낀다. 물체가 피부에 닿아 느끼는 감각으로 곤충의 촉각인 더듬이처럼 먹이와 적 등을 구분할 줄 알게 된다. 그러나 죽음은 시각, 청각, 후각, 미각, 촉각 즉 오감의 작용을 멈추게 한다.

우리 인간은 정신적으로 나약한 점이 많아 신의 존재를 인정하면서, 그 신이 이 세상을 창조하여 유지하고 다스린다고 믿는 유신론자로 인간 대다수가 종교를 가지고 살아간다고 보이며, 자기가 믿는 종교에 의해 이 세상에서의 죽음은 끝이 아니라 다음 세상에서의 시작이라는 믿음을 가지고 종교 생활을 하게 되며, 내세에는 천국(극락), 지옥 또는 천국, 연옥, 지옥이 있고, 이 세상의 창조주나 이 세상을 영적으로 지도하고 있는 절대자의 가르침에 충실하게 생활한 자, 즉 착한 일을 많이 한 자는 천국이나 극락으로 가게 될 것이고, 그다음 중간에 있는 자는 연옥으로, 그다음으로 이 세상에서 좋지 못한 행위나 인류 사회를 위하여 이바지한 공로가 전혀 없고 오히려 사회악만 저지른 자는 지옥으로 가게 된다는 내세관을 믿는다.

따라서 나약한 우리 인간은 종교를 가지고 종교가 가르치는 내세관에 따라 이 세상에서 착하게 살려고 노력하는 것은 내세에 대한 아무 희망도 없이 악하게 사는 것보다는 인간답게 사는 바른길이기도 하다. 그래서 모든 사람이 종교를 가지고 살도록 권면해야 한다.

그리고 가족이나 이웃의 죽음을 맞이하는 분들에게 종교의 보급을 하거나 종교의 보급까지는 아니더라도 내세관에 대하여 많은 얘기를 해 주고 이 세상은 끝이 아니라 다음 세상이 하늘나라에서 다시 펼쳐질 것이기에 너무 실망할 필요가 없다고 얘기해 주는 것은 매우 중요하다.

그리고 죽음을 앞둔 분들은 너무나 아픈 통증을 느끼기에 이에 대한 의학적 대처가 필요하며 성서, 불경 등 여러 종교 서적의 봉독과 기도로 그 환자를 위로하고 성가 등을 조용히 불러주어 마음의 평안을 얻도록 도와주어야 한다.

죽음에 임하는 본인은 어떻게 하여야 하겠는가?

앞에서도 언급하였다시피 죽음이란 살아 있는 인간이 누

려야 할 오감을 잃게 되는 것이며, 매우 아프고 괴로우며 있는 힘을 다하면서 죽음과 싸우다 지는 것이다. 다시 말해서 인간이 살아 있을 때 학교에서 공부 잘했다고 선생님에게 칭찬받으며 상 받을 때, 고시에 합격하여 합격 통지서 받을 때, 운동회에서 일등을 하여 상을 받을 때, 사랑하는 사람과 사랑을 나눌 때, 사랑의 결실인 자식이 태어날 때, 자식이 좋은 학교에 입학하게 될 때, 자기 배우자가 사회에서 좋은 직장에서 일하게 되었을 때 우리는 기쁘고 행복하여 희열을 느낀다. 이러한 기쁘고 행복한 일을 한꺼번에 내려놓는 것이 바로 죽음이 아닌가? 그리고 죽음은 인간의 오감을 멈추게 하여 기쁜 일, 슬픈 일도 없게 되는 순간이며, 거기다 육체적으로 엄청나게 아픈 고통을 가져와 이 고통을 지나야 죽음에 이르게 된다. 이처럼 지독하게 아픈 고통의 터널만 없다면 우리 인간은 늙어서 죽음을 맞는 두려움이 훨씬 가볍게 될 것이다.

우리는 본격적 죽음이 오기 전에 죽음에 대해 준비하여야 한다. 이때 준비란 지나온 자기 삶을 되돌아보는 것이다.
되돌아보면 자기가 이 세상을 살아오면서 주위 사람들에게 많은 도움을 받았음을 알게 될 것이다. 자기에게 도움을 준 부모 이외 형제자매, 일가친척, 친구, 친구 부모, 그리고 선배들에게 진심에서 나온 보은의 인사와 함께 조그마한 선물이라도 마련하여 옛날 얘기하면서 드리고 앞으로는 이들의 고마움을 잊지 않는 것이다.
그다음은 나보다 못한 처지에 있는 분들에게 용기와 평화를 전하는 일이다. 이것은 자기 건강이 허락한다면 양로원,

보육원, 장애인시설, 교도소 등을 방문하여 목욕, 청소, 빨래, 이발, 예능 봉사 등 육체적 기부를 실천하는 것이고, 거기다 경제적 여력이 있는 분은 아프리카 난민들, 국내 장애인, 보육원, 양로원, 교도소, 지방선교사를 돕는 일 등에 자기 능력에 맞는 물질적 기부를 아끼지 말아야 할 것이다.

그리고 자기의 경험에 비추어 후손에게 남겨야 할 말을 출판물을 통하여 자서전 형식으로 남기거나 요약하여 유언으로 녹화하여 훈시로 남긴다. 그 자서전이나 훈시의 주 내용은 우리 인간은 지나친 욕심을 반드시 버려야 한다는 것, 지나친 물욕은 자제하여야 한다는 것, 기부는 미덕이라는 것, 베풂은 아름답고 평화이며 인간의 행복을 가져다주는 기본이라는 것 등이다.

죽음을 기다리는 사람은 없겠지만, 어쩔 수 없이 받아들여야 하는 죽음이므로 죽음이 오기 전에 자신의 삶을 돌아보고 남길 것은 남기고 버릴 것은 깨끗이 버리면서 삶을 정리하고, 악을 쓰며 죽음을 이기려고 하지 말고 품위 있는 모습으로 삶을 끝내도록 마음의 평안을 지켜 나가는 자기 수양이 필요하다고 본다.

5. 풍요의 계절이 있어 살 만하다

    요즈음 일기는 여름철이 길고 겨울철이 짧아졌다. 매년 5월은 늦은 봄에 해당하는 것이 일반적이나 요즈음은 5월부터 더위가 찾아와 5월 중순이 되면 초여름 날씨를 보이게 되며 이 더위는 8월을 지나 9월 중순까지 가는 경우도 있다. 반대로 겨울철은 추운 계절로 종전에는 12월부터 다음 해 2월까지였으나 요즈음에는 12월 초순에 얼음이 얼지 않는 날씨도 많아졌으며 다음 해 2월에는 따뜻한 초봄 날씨를 보이는 경우가 많아 여름은 4개월 가까이 더운 날씨가 이어지면서 길어지고 겨울은 3개월이 안 되는 짧은 기간으로 되어 가고 있어 우리나라 기후는 온대성이 아니고 아열대성 기후로 변하고 있음을 느낄 수 있다.

    긴 여름이 지나고 결실과 풍요의 상징 가을이 오면 오곡이 익어 가고 온갖 과실도 누렇고 빨갛게 익어 우리의 입맛을 돋게 한다.
    밤낮으로 시원한 시월이 되면 맨밥을 먹어도 씹지 않아도 그냥 넘어갈 정도로 입맛이 나며, 양념에 버무린 배추나 무만 있어도 밥 한 그릇을 언제 먹었는지 모를 정도로 입맛이 왕성하게 된다. 고추장에 버무린 멸치만 있어도 소주 몇 잔은 그냥 삼키게 되며, 갈치속젓을 양념으로 하여 배추쌈을 싸서 먹거나 배춧속을 갈치속젓과 같이 반찬으로 먹는 것도 밥도둑이라 할 정도로 매우 좋은 밥반찬이라 할 수 있다. 또 가을 고등어도 맛이 최고조에 달하므로 밥과 같이 먹노라면 언제 밥이 목구멍으로 넘어갔는지 모를 정도로 맛이 대단히 좋은 음식이라 할 수 있다.

　이처럼 가을이 되면 밥맛이 생겨 밥을 많이 먹게 됨은 밥이나 반찬에서 특별함이 있어 그런 것이 아니고, 긴 여름의 뜨거운 햇볕을 받으며 일하다 보면 체력이 너무 많이 소모되어 체력 이상의 노동으로 체력이 급격히 저하되고, 사람의 기가 지나치게 소모되다 보면 몸의 균형도 잡히지 않고, 몸 전체가 나른함을 느끼게 되어, 움직이기 어렵고 무엇을 하고 싶은 의욕도 상실되어 자리에서 일어나기는커녕 항상 눕고 싶어지고 움직이기도 어려워진다. 이러한 여름철의 장기간 더움이 몸에 덮쳐 땀을 지나치게 흘리고 정신적 노동이나 육체적 노동이 너무 과하여 정신적, 육체적 피로도 쌓여 꼼짝하기도 싫은 증상이 일어나곤 할 때 아침저녁 서늘한 바람이 불어 밤에 숙면케 하고 몸의 움직임이 더울 때보다는 훨씬 가벼워졌음을 느끼게 되면서 아침에 일어나 식사를 할 때도 며칠 전 여름보다는 입맛이 있고, 아무 반찬이나 맛이 있어 맛있게 많이 먹게 되고, 아침저녁 출퇴근길에 지하철에서 집까지 오가는 발걸음이 기운차게 느껴지고 기분이 좋아지며, 가을에 자란 채소뿐만 아니라 사과, 배 등의 과실도 당도가 꽉 차 그 맛이 제대로 나기 시작하여 온갖 곡식과 채소, 바다에서 나는 생선 등과 같이 우리들의 입맛을 돋우는 데 모두 일조를 하고 있다.

그 여름을 어떻게 지났는지도 생각나지 않을 정도로 아니면 어떻게 지냈는지를 생각하기 싫을 정도로 사람의 진을 빼는 더위가 넉 달이나 계속되었고, 거기다 비마저 제대로 오지 않아 벼나 보리 콩 등 논밭의 곡식이 자라는 데도 막대한 지장을 초래하여 농부의 애를 태우던 하루하루가 어느덧 지나가고 시원한 재활의 바람이 우리를 스치면서, 얼굴에는 생기가 돌고 생활이 더욱 활발해지고 활력이 넘치는 이 가을에 시원한 바람이 아니더라도 모든 가을의 풍요가 우리에게 생기를 불어넣고 밥맛마저 돋우고 있으니 열심히 살아야겠다는 의욕이 솟아오른다.

제6부
사랑 이야기

1. 어버이의 사랑
2. 언제나 베푸시는 부모님의 사랑
3. 할아버지의 손자 사랑
4. 엘리를 향한 나의 사랑
5. 부모에 대한 아들의 사랑
6. 코스모스와 나의 첫사랑
7. 할미꽃의 사랑

1. 어버이의 사랑

어버이란 아버지와 어머니를 아울러 이르는 말로써 어미는 자식을 잉태하였을 때 초기에는 입덧이 일어나 구역질이 나고 몸이 쇠약해지기도 하면서 근 9개월간 뱃속의 아기에게 영양을 공급하여 자라게 한다. 아기가 나올 때가 되면 주기적으로 되풀이되는 복통을 겪으면서 옆에 누가 있거나 말거나 고함을 지르면서 진통을 참아 내어 생명을 탄생시키게 된다. 그리고는 어미는 그 아기를 쳐다보고는 환하게 웃으며, 조금 전의 진통의 아픔이나 그 진통의 원인인 남편에 대한 미움이 그 어미에게서 사라지고, 아기가 이 세상에 나오느라 얼마나 힘들었을까 배는 얼마나 고플까 하고 아기의 작은 몸을 보듬어 안아 젖을 물린다.

어미는 산후조리가 끝난 후 아기에게 먹을 것을 챙겨 주고 목욕도 시켜 주고 입을 것도 갈아입혀 주고 각종 예방주사를 맞혀 어린이에게 걸릴 수 있는 병을 예방하면서 한 달이 가고 1년이 가면서 아기는 쑥쑥 자란다. 아기는 자라면서 뒤집기도 하고 기기도 하고 서기도 하고 걸음마도 한다. 어머니는 아기가 한 살 두 살 나이가 들어 네다섯 살이 되면 유아원, 여섯 일곱 살이 되면 유치원, 그리고 여덟 살이 되면 초등학교에 입학시켜 초등학교 6년 과정을 마치고 중학교 3년, 고등학교 3년 과정을 마치면 대학에 입학시킨다.

유치원, 초등학교, 중고등학교 과정에서 모자라는 과목이나 취미로 하고 싶은 과목이 있을 때는 과외로 그 수업을 받는다. 그리고 대학을 졸업하거나 대학 재학 중 군에 입대할 나이가 되면 육군, 해군, 공군 중 자기가 가고 싶은 군을 골라 가게 되어 그곳에서 국토방위의 임무를 마치게 된다. 자식이 군에 입대하게 되면 학교생활보다는 더 고되고 외로운 생활을 하게 되므로 어버이 마음은 군에 간 자식 생각이 항상 짠하게 난다. 몹시 보고 싶을 때는 천 리 길도 한달음에 자식 면회를 하러 가게 된다. 그러다가 자식은 군에서 제대하여 다시 공부를 계속하거나 취업하게 되며, 직장을 다니다 짝을 만나 결혼하여 하나의 가정을 꾸미게 된다.

요즈음 결혼 상대자의 선택은 대개가 아들딸 당사자의 결정을 따르게 된다. 부모가 시키는 대로 결혼 상대자를 택하는 경우는 그리 많지 않다. 다시 말해서 자식이 결혼하겠다고 결혼할 당사자를 데리고 오는 경우 부모는 그 적정성에 대하여 아들이나 딸에게 참고로 얘기할 수 있다. 예를 들어 장래성이 없어 보인다든지, 성격이 너그럽지 못한 것 같다든지 가정 형편이 너무 어려워 딸이 많이 고생하겠다든지, 며느리 집이 너무 부자라 아들 기가 죽겠다든지, 여자의 기가 세서 아들을 휘어잡을 것만 같다든지 등…… 이처럼 부모가 처음 만난 느낌이나 생각을 말해도 요즈음 아들딸들은 참고만 하지 부모의 느낌이나 생각은 결혼의 결정적 요소는 아니며, 결혼할 당사자들이 결정할 문제라고 생각한다. 옛날에는 첫인상이 나쁘면 결혼을 할 수 없기도 했다. 결혼을 하느냐 마느냐의 결정권이 아들딸에게도 있었으나 부모에게도 있었다.

 또한. 아들딸들을 결혼시키는 데 예식장비, 신랑 신부에 필요한 의상비, 패물구입비 등과 시부모에 대한 예단이나 예물, 집을 얻는 데 드는 비용 등을 합치면 여태껏 아들딸들을 공부시키는 데 들어간 돈보다 훨씬 더 많은 돈이 필요하게 된다. 이런 결혼 비용은 아들딸들의 주머니로는 감당하기 힘들어 대부분 부모가 부담하게 되므로 아들딸들은 부모가 부담한 결혼 비용을 평생 갚아도 다 갚을 수 없을 정도가 된다.

 이렇게 결혼을 시킨 부모는 분가한 아들 며느리가 자기들에게 잘하기를 바란다. 손자 손녀도 빨리 보고 싶고 부모가 베푼 만큼은 아니더라도 조금이나마 보상을 받고 싶어진다. 그러나 부모가 베푼 것에 대하여 보상받으려는 마음 즉 보상 욕구는 가능한 한 억제하기도 한다.
 이 보상 욕구로는 육체적 욕구와 경제적 욕구가 있다. 육체적 욕구는 부모가 나이가 많아 힘이 달려 할 수 없는 집안일이나 바깥일을 해 주기를 바라는 욕구를 말하며, 경제적 욕구란 부모의 생활비나 용돈의 일부 보조, 생신, 칠순, 팔순 등의 부모의 경사 때 행사비, 장가간 아들의 동생인 작은 아들, 딸들의 결혼 때의 결혼 축하금 등이다.
 부모의 이런 육체적 욕구나 경제적 욕구를 충족시키려면,

아들 며느리는 항상 힘들고 고단하나 부모 입장에서는 항상 부족함을 느끼고 보상 욕구가 채워지지 않아 마음 한구석이 텅 빈 것 같다.

그동안 자식을 낳아 기르고 교육시키고 결혼까지 시켜 집까지 마련하여 분가시키면서 부모로서 해야 할 모든 정성을 다 쏟았는데 자식들이 부모에게 해 주는 것은 부모가 바라는 것보다 항상 부족하여 부모는 불만이 쌓인다. 이렇게 되면 자식과 부모 간의 애틋한 사랑은 사라지게 되어 모두 불행하게 될 것이다.
이럴 때는 자식을 낳은 부모가 나는 부모니까 자식에게 해야 할 것을 했다고 생각하고 보상을 바라지 말고 오히려 베푸는 일을 계속하는 것이 더욱 현명한 부모라고 본다.

부모의 베풂도 심적 베풂과 경제적 베풂으로 나눌 수 있다. 부모의 베풂에 보답하지 못해 고민하고 아파하는 아들 며느리에게 오히려 심적 베풂으로 위로해 주고 그들을 즐겁고 평화롭게 해 주며, 경제적(물적) 베풂으로 아들딸들의 모자라는 생활비, 경조사 때의 비용, 집세, 잡비 등의 비용을 조건 없이 베풀어 그들을 즐겁고 평화롭게 하는 것이 어버이로서 해야 할 으뜸 일이 아닐까 한다.

자식들을 키워 공부시키고 성인이 되어 결혼한 후에는 부모가 자식에게 어떠한 보상도 바라지 말아야 한다. 물론 그동안 자식을 이 세상에 태어나게 하고 길러서 성인이 될 때까지 부모가 가진 물질과 열정을 있는 대로 쏟아부었는데 자식에게 바라는 것이 어찌 없겠는가?

 그러나 부모가 자식에게 바라는 보상 욕구에는 한계가 있어야 하겠다. 가능한 한 경제적 보상은 욕구에서 제외하고 육체적 보상 욕구 중 부모가 나이 많아 할 수 없는 힘든 일은 다른 전문인에게 돈을 주고 시키도록 하고, 자식이 할 수 있는 아주 가벼운 일만 명령이 아닌 부탁으로 보상 욕구를 충족해야 할 것이다.

 부모의 경제적 베풂은 아들딸, 며느리 생일 챙기기, 며느리 본가의 경조사 챙기기, 손자 손녀 생일 챙기기, 간혹 여가 있으면 식사하는 정도의 베풂은 항상 부모가 감당하여야 할 경제적 베풂이라 생각된다. 따라서 어버이는 언제까지나 자식에 대하여 베푸는 존재가 되어야 할 것이다. 이의 대답은 성 프란치스코 성인의 평화를 구하는 기도에서 그 답을 구할 수 있을 것 같다.

 자식에게 이해받으려 하지 말고 이해하려고 애쓰며 다툼 대신 용서를, 의혹 대신 믿음을, 위로받으려 하지 않고 오히려 위로하도록 하며 사랑을 받기보다는 오히려 사랑하는 자가 되도록 하고 줌으로써 받고 용서함으로써 용서를 받도록 하자.

2. 언제나 베푸시는 부모님의 사랑

　부모는 우리를 낳아 주시고 먹을 것과 입을 것을 주시고 잠잘 곳을 마련하여 주신 분이며, 초등학교에서부터 대학에 이르기까지 공부를 시켜 주며 자식에게 가없는 사랑을 퍼부어 주셨으나 자식은 부모에게 헤아릴 수 있는 사랑을 주게 된다. 예를 들어 헤엄을 못 치는 자식이 물에 빠져 허우적거릴 때 헤엄에 자신 없는 부모라도 당장 물에 들어가 자식을 구하려고 한다. 그러나 반대로 헤엄을 못 치는 부모가 물에 빠졌을 때 자식은 지금 부모를 구할 자신이 자기에게 있는지를 먼저 생각하며 시간을 지체하다가 물에 들어가는 문제를 결정하게 된다. 이처럼 부모가 자식에게 베푸는 사랑은 조건 없는 끝없는 사랑이라 할 수 있으나 반대로 자식이 부모에게 베푸는 사랑은 조건이 있고 한계가 있는 유한한 사랑이라 할 수 있다.

　그래서 부모와 자식 간의 사랑은 그 길이와 범위가 조금 다르다고 본다. 재산적 측면에서 자식이 부모에게 베푸는 것은 생신, 칠순, 팔순 등의 부모님 경사가 있을 때 드리는 약간의 선물과 약간의 용돈이고, 부모가 농촌에서 흉년을 맞았을 때나 병마와 싸우고 있을 때 또는 동생들의 결혼 등이 있을 때는 자기 능력에 맞춘 금전이다. 그러나 부모가 자식에게 베푸는 것은 무한하고 자연 발생적인 사랑 이외에 재산적 베풂은 학비 이외에 자식의 결혼 때 전셋집을 구해 주거나 자식 명의의 집을 마련하여 주고, 결혼에 드는 모든 경비를 부담한다. 그렇게 베풀기만 한 부모가 돌아가셨을 때는 부모가 소유하고 있던 가옥, 토지, 기타 건물, 예금 등의 유산이 자식들에게 배부된다.

이처럼 자식은 부모에게 드리는 사랑도 부모가 자식에게 베푸는 사랑에 비하여 매우 소극적이고 유한하다고 보며, 거기다 재산적 측면에서 자식이 부모에게 베푸는 것은 일반적으로 얼마 되지도 않고 유한하여 부모가 자식에게 받는 것은 재산이건 사랑이건 거의 없고, 자식에게 베푸는 것은 부모가 가진 것 전부이니 어찌 보면 크게 불공평한 관계에 있는 사이라 할 수 있겠다.

그러나 자식의 처지에서 보면 돈 쓸 데가 많은 현대 젊은이들의 살림살이가 부모에게 재산적으로 배려할 여건이 안 된다고 볼 수도 있겠으나 부모에 대한 사랑이 있으면, 부모가 자식에 대한 사랑만큼은 아닐지라도 자식도 부모에게 사랑의 마음은 베풀 수 있다.

만약 힘없고 나이 많은 부모가 자식에게 부담스러울까 봐 몸이 편찮아도 겉으로 나타내지 않고 참고 견디고, 자식 공부시키며 키우느라고 무엇이든 아끼며 살아온 습관대로 젊었을 때와 똑같이 지나치게 절약하며 살아가느라 세탁기도 사지 않고 손빨래를 할 때 자식은 마음이 찡하면서 부모님을 측은히 바라보게 되는데 이 측은한 마음은 사랑의 표현이라 할 수 있다.

  결혼한 자식이 다음과 같을 때 부모는 가진 자산을 능력껏 증여하게 된다. 첫째 자식이 사업 실패로 집까지 없어져 손자들마저 잘 공간이 없어졌을 때 부모는 능력에 맞게 전세나 월세 자금을 증여하게 된다. 둘째 자식이 사업 실패로 손자 대학 등록금이 없을 때 부모는 능력이 되면 손자 등록금을 주게 된다. 셋째 자식이 실직자가 되어 앞으로 살아갈 대책이 없을 때 자식을 최대한 말로서라도 위로하고 능력껏 도와주게 된다. 넷째 자식이 증권이나 노름을 하여 자기 재산을 탕진했을 때는 아마 부모라고 해도 도움을 주지 않을 것이다. 그러나 시간이 흐르고 흘러도 별 대책이 없을 때는 자식이므로 능력껏 도움을 주게 되는 것이 부모다.
  반대로 부모가 다음과 같을 때 자식은 자기 능력의 범위 내에서 부모를 도와주게 될 것이다. 첫째 부모가 사업에 실패하였을 때 자식은 부모에게 다시는 사업은 하지 마시라는 충고를 하고는 자기 능력이 된다면 전세금을 드리거나 조그마한 집을 마련해 드릴 것이다. 둘째 부모가 사업에 실패하였을 경우 아직 학교에 다니는 동생이 있다면, 등록금을 도와주거나 아르바이트를 하라고 권한다. 셋째 부모가 실직자가 되었을 때는 부모에게 연세도 있으시니까 이젠 집에서 편히 쉬도록 함이 좋겠다고 하면서도 금전적 도움은 모르는 척한다. 넷째 부모가 증권이나 노름을 하여 재산을 탕진했을 때는 모든 자식이 도와주지 않는다.
  이처럼 부모가 자식을 낳아 키워서 학교 공부시키고 결혼까지 시켜 분가하는 과정에서 내리사랑이 꽉 차 있어 부모의 사랑은 시간적으로나 양적으로도 무한한 것이어서 어떻게 표현할 수 없는 신적 발출이라 표현함이 옳다고 본다. 그러나 자식의 부모에 대한 사랑은 끝이 보이는 유한한 사랑이요 위로 쳐다보는 오를 사랑이며 때로는 남과 같이 미움도 개재하는 유한한 사랑이라 하겠다.

사람이 부모의 자식으로 태어나 학교 공부를 하는 동안 부모로부터 베풂을 받게 되는데 그동안은 베풂을 받는 시간이며 이것이 부모의 의무라 생각한다. 그러나 자식이 성인이 되어 결혼하여 자식을 낳게 되면 그 자식은 자기 자식에게 베풀게 된다. 그럴 때 자식은 받았으면 돌려주어야 함을 깨닫게 되어 자기 부모(아이들에게는 할아버지 할머니)에 대하여는 항상 베풂을 받는 것이 당연한 것이 아니고 오히려 베풂을 드리는 것이 당연하다는 것을 알게 된다. 그래서 부모의 생신 챙기기, 건강 챙기기, 직접 방문하여 건강 살피기, 살림살이에 편리한 가구가 나왔으면 그것을 바꿔드리며 부모님의 생활을 편리하게 도와드리기, 직접 방문할 여가가 없으면 전화로 안부 묻기 등 언제나 자기를 낳아 주시고 키워 주신 부모님의 은혜에 조금이라도 보답하겠다는 정신을 가지게 된다.

그러나 정신적으로나 물질적으로 부모에게 항상 베푼다는 것은 맘대로 되는 일이 아니고 어려운 일이므로 우리가 열심히 노력해야 한다고 함이 옳은 표현인 것 같다. 그러나 부모는 자식을 낳아 기르고 공부도 시키고 결혼까지 시켜 살림할 집까지 마련해 주기에 베풂의 연속이라 할 수 있다. 부모의 베풂이 이것으로 끝나지 않고 가지고 있던 집이나 임야, 전답 등 부동산의 시가가 세월이 지남에 따라 상승하여 살아계실 때 어느 시점에서 자식에게 증여할 때나 돌아가실 때 상속으로 자식에게 귀속되는 시점에서 자식에게는 엄청난 부를 안겨 주어 자식이 갑자기 형편이 나아져 부유하게 된다.

이처럼 부모는 정신적 사랑이나 물질적 재산에 있어 자식에게 베푸는 것이 단절되지 않는다. 그렇다고 자식이 부모에게 역행되지도 않고, 부모의 베풂은 언제나 한 방향으로 진행되며 계속된다. 우리는 부모님의 베풂이 언제나 계속된다는 사랑의 원리를 깨달아 자식으로서 부모에 대한 베풂에 더욱더 신경을 써서 맑고 정답고 사랑스러운 사회가 되도록 노력해야겠다.

3. 할아버지의 손자 사랑

나의 아버지께서는 그때로 봐서는 늦은 27세에 같은 동네에서 나고 자란 열 살 아래인 아가씨와 결혼했다. 양가 모두 집안 사정을 너무나 잘 아는 사이였단다.

본동에서 결혼하였다 하여 택호도 본동이라 하고 동네 어른들은 어머니를 본동댁이라 부르고, 아이들이나 손아랫사람은 아버지를 부를 때 본동어른이라 호칭하였었다. 아버지 세대는 보통 결혼하는 연령이 총각의 경우 십 대 중, 후반이었고, 처녀의 경우는 십 대 후반이었으므로 아버지께서 이십 대 후반에 결혼하셨다는 것은 그때로 봐서는 아주 늦은 나이에 결혼하신 것이다.

나의 세대는 대학 졸업 후 군 복무 마치고 취직한 후 결혼하는 것이 일반적이므로 20대에 결혼하는 예는 별로 많지 않고, 삼십 대 초반에 결혼하는 예가 많았다. 그런데 나의 경우 대학 재학 중에 학보병으로 일 년 육 개월 단기 복무하여 귀휴제대 하였고, 대학 4학년 재학 중에 부산시 공무원 공채에 합격하여 부산시에 근무하게 되었으므로 매우 빨리 직장 생활을 하게 되었다. 그 무렵 아버지께서 신장염을 앓으셔서 부산 송도에 있는 장기려 박사가 계시는 복음병원

(현 고신의료원)에서 장기간 입원하고 계셨다. 그때 나는 직장을 마치고는 저녁에 아버지를 간호하러 갔다. 그러던 어느 날 "내 친구들은 손자 손녀들과 대화도 하고 재롱도 보고 즐기다가 이 세상을 떠나고 있는데 나는 손자 손녀 하나 못 보고 저세상으로 가게 되었구나." 하시면서 푸념이라 할까 팔자 한탄이라고 할까 어쨌든, 은근히 장남인 나에게 **빨리 결혼하여 손자 손녀를 보게 해 달라**고 압력을 넣는 것 같아 어깨가 무거워졌다.

아버지께서 그 당시 집안 사정이나 본인 사정으로 늦게 결혼하셔서 자녀를 늦게 보게 되어 손자 손녀도 자동으로 늦어졌음을 새삼 후회하시는 것은, 몸이 불편하시니 얼마 못 살 것 같다는 생각을 하시고는 더욱더 손자 손녀 생각이 간절하셨기 때문이다.

그날 밤 나는 아버지에 대한 장남의 효도가 무엇인지를 생각하게 되었다. 아버지께서 손자 손녀를 보지도 못하고 사랑을 나누지도 못하고 이대로 돌아가신다면 그 불효는 누구의 책임이겠는가? 결혼을 늦게 하신 아버지의 탓인가 아니면 그런대로 결혼 여건이 갖추어진 내가 더 좋은 결혼 여건을 만들 생각만 하고, 결혼 시기를 늦춘 아들인 나의 탓인가를 생각해 보았다.

이 문제는 누구에게 물어보아도 아들이 빨리 결혼하지 않아서 손자 손녀를 할아버지께 보여 주지 못한 책임이 있다고 할 것 같기도 하여 삼십 세가 되지 않았더라도 대학 졸업도 했고, 직장도 있는데 아버지를 위하여 빨리 결혼하여 손자 손녀를 지극히 보고 싶어 하시는 아버지께 바침이 바로 효를 실천하는 것이요 자식으로서 바른 자세가 아니겠는가를 생각하게 되었다.

  그래서 아버지 퇴원 후 바로 결혼을 서두르게 되었고, 그 결과 아버지와 어머니께서 좋아하시고 나도 좋아하는 지금의 아내와 결혼하게 되어 그 열매인 진욱이, 진용이, 진서 세 명의 손자를 아버지께 안겨 드렸다.

4. 엘리를 향한 나의 사랑

나의 성격은 급한 편이었고 조그마한 거짓말도 할 줄 모르는 사람이었기에 조금만 참으면서 다시 생각하면 아무 문제도 아닌 것을 급한 성격에 단순하게 알아듣고 혼자 해석하여 인간관계에서 그릇된 판단을 하는 경우가 많았다. 이에 대하여 나의 아내 엘리는 너그러운 생각과 판단으로 큰 가르침을 주어 오해 없이 무난히 사회생활이나 가정생활을 영위하게 했다.

내가 공직에 근무했을 그 당시에는 회사원들은 월급이 공무원보다 조금 많은 편이었고, 내가 받는 공무원 월급으로는 가정생활을 꾸려나가기가 무척 어려웠다. 더군다나 일선 공무 기관에서 근무한 기간은 얼마 되지 않고 주로 기획부처인 본부 등에서 근무하게 되어 하루 세끼 밥 먹기도 빠듯한 급여를 받는 실정이었으므로 아이들이 아프거나 어른들이 병이 났을 때는 그 병원비를 내기도 어려웠다. 그러다 보니 집안 형제들이나 일가친척 등의 길흉사 때의 부조금이나 부의금도 체면만 유지할 정도로 아주 소액으로 낼 수밖에 없었고, 주말이나 휴가 때 가족이 함께 여행을 간다거나 취미생활을 한다는 것은 생각조차 할 수 없었다.

　엘리는 이러한 빠듯한 수입에 따른, 김해 본가의 경제적인 어려움과 서울 우리 가족의 경제적인 어려움 속에서도 불평하지 않았고, 주어진 수입 내에서 어떻게든 절약해서 가정을 꾸리려고 했지만, 수입보다 지출이 더 많은 형편이 계속될 때는 본인이 직접 생활 전선에 나가 모자라는 수입을 보충한다든가 앞으로 아이들 교육 등 늘어나는 생활비를 미리 준비하는 용기와 지혜로 가정의 어려운 경제적인 문제를 잘 해결해 나갔다.

　또한 시동생 시누이 등 시집 형제자매들 간에도 보다 너그럽게 대하며 다투는 일 없이 비교적 화목하게 지냈다. 어쩌다 조금이나마 마음 쓰이는 일이 생기게 되면 내가 개입하여 동생들을 설득하기도 하고, 엘리를 다독이기도 하여 큰 불화 없이 한평생을 비교적 잘 지내면서 살아왔고, 시골에 계시는 부모님에 대해서는 서울이나 고향 김해에서 며칠간 같이 지낼 때는 매우 극진히 성심성의를 다했다. 이러한 엘리의 마음 씀씀이로 해서 커다란 가정불화는 없었다고 생각된다. 그러나 고향 부모님의 경제적인 어려움을 해결하는 문제는 쉽지가 않았다. 고향 부모님이 경작하는 전답이 많지 않아 농작물의 생산량이 적으니 해가 지날수록 고향 부모님의 부채가 늘어만 갔다. 그래서 2년 단위로 적금을 들어 그 재원으로 시골의 전답을 사 드리곤 하여, 십여 년이 지난 후에는 고향 부모님도 자급자족하게 되었다. 마침 그 때는 전답의 값이 아주 쌌으므로 그 꿈을 이룰 수 있었다.

그 당시 공직자 박봉에 시골 부모님의 경제적 독립과 앞으로 자라나는 우리 아이들 셋을 공부시키는 문제 등의 짐을 지고 나아가기가 매우 어려웠으나 엘리의 절약 정신과 식구들의 협조와 시골 전답의 값이 매우 저렴했다는 것과 아이들이 모두 우등생이 되어 과외를 받지 않고 모두 국립대학인 S 대학에 입학하게 되어, 등록금 등이 매우 저렴하였고, 대학 생활 중에도 아르바이트를 하여 자기네들 용돈을 마련하여 썼기에 아이들 공부하는 문제는 쉽게 해결되었고, 또한 두 번에 걸친 엘리의 음식점 경영으로 수입 등이 있어 모든 경제적 문제는 풀리게 되었다.

지금 생각건대 아내의 너그러움과 혜안이 있었기에 그 속에서 생활하는 남편인 나는 정신적으로나 물질적으로 가정 경제에 대해서는 편한 마음으로 여유를 가지게 되어 바깥일에 전념할 수 있었다.

오늘도 누워서 TV를 보다가 잠든 엘리를 본다. 언제부터인가 이부자리 펴는 것은 내가 맡았다. 나이에 비해 집안일이 너무나 많아 피로한가 보다. 하고 애련한 마음을 가지며, TV를 끄고 안경을 벗겨 준다.

두 사람이 같이 살다 한 사람이 먼저 하느님 곁으로 가고 혼자 남아 기력이 쇠잔해진 몸으로 방 청소와 음식 만드는 일 등을 하고 있을 때, 남은 한 사람의 쓸쓸함. 그리고 특히 남자가 남았을 때의 고독과 고통을 생각하면서 엘리에게 무한한 고마움을 느낀다.

5. 부모에 대한 아들의 사랑

　내가 칠순을 맞이하여 회고록을 발행하고 형제자매들에게 식사 대접을 하는 조촐한 자리를 마련하였다.
　내 동생들 내외와 조카들이 모인 자리에서 어른으로서 한 마디 하라고 해서 "우리들은 누구나 남의 배려와 관심으로 살아가게 되며 경제적 문화적 교육적 도움을 받으면서 살고 있으므로 이를 깨닫고 우리도 우리가 할 수 있는 범위 내에서 선행을 행하고 물질적 도움도 줄 수 있도록 하면 좋겠다."라고 말했다.

　그다음 큰아들이 아버지께 드리는 말씀을 편지로 적어 온 것을 읽게 되었다. 내가 예상했던 것 이상으로 감명받았던 내용이었다.

고희를 맞으신 아버지께

　우선 아버지의 인생을 담담하고 진솔하게 공개하실 수 있었던 용기에 존경의 말씀을 올립니다. 회고록을 통해 저희는 아버지에 대해 더 많은 부분을 알고 이해할 수 있었습니다. 어려운 환경 속에서도 꿈을 잃지 않으시고 아버지의 책임을 끝까지 다하신 모습에 고개 숙이지 않을 수 없었습니다. 책 말미에 아버지의 회한이 드러나는 부분에서 저 또한 안타까운 마음을 금할 길이 없었습니다. 아버지께서 '조금 더 좋은 환경에서 성장했다면 좀 더 적극적으로 현실과 부딪쳤다면 전혀 다른 삶을 살 수 있지 않았을까.' 라고 말씀하신 것을 읽으며, 만일 다음 생의 기회가 주어진다면 부디 훌륭한 가정에서 태어나시어 아버지의 능력을 마음껏 펼치시기를 기원해 보기도 하였습니다.

또한 어려움에 처하셨을 때 어느 누구에게도 의지할 수 없는 상황에서 모든 것을 아버지 스스로 감당하시며 느끼셨을 외로움을 그 누가 이해할 수 있었겠습니까?

남달리 책임감이 투철하시고 부모님의 뜻을 항상 먼저 생각하시며 평생을 살아오신 아버지, 가난한 집안의 7남매 중 장남으로서 때로는 부모의 역할도 마다치 않고 살아오신 아버지의 성실함과 책임감은 그 누구도 흉내 내기 어려운 모습이라 생각됩니다.

자식들에게 정직하게 살 것과 이웃을 사랑하고 베풀라고 당부하시는 말씀은 단지 말씀이 아니라 아버지의 삶 속에서 실천해 오셨던 것임을 잘 알고 있기에 저희에게는 영원히 산 교훈으로 남아 있을 것이며, 가슴 깊이 새기고 실천하겠습니다. 그리고 저희 자녀들에게도 행동으로써 그 정신을 그대로 전하겠습니다.

책 속에 이야기하시지 못한 가슴 아픈 상처와 고충이 얼마나 많으셨겠습니까? 저만 하더라도 종교적인 문제로 얼마나 많은 상처를 드렸습니까? 아버지께서는 그 모든 아픔을 이번 회고록을 통해 함께 묻으신 것 같습니다. 자식 노릇 한 번 제대로 하지 못한 채 아버지의 책을 읽게 되어 저 자신이 너무도 부끄럽고 한이 남습니다. 하지만 항상 제 미래에 대한 확신과 자신감이 있기에 언젠가는 반드시 부모님께 제대로 효도할 수 있는 날이 오리라 생각합니다.

아버지! 아버지께서는 충분히 아버지의 책임을 다하셨습니다. 이제는 그 책임의 굴레를 벗으시고 아버지만의 삶과 자유를 누리시기를 기원합니다. 은혜를 갚으시고도 그것이 모자람을 아파하시는 아버지의 진실한 삶, 그 하나만으로도 아버지의 인생은 충분히 의미 있는 것이라고 생각합니다. 저희는 아버지께서 실천으로 남겨 주신 그런 소중한 자산이 있기에 아버지 못지않게 의미 있는 삶을 살 수 있으리라 생각합니다. 아버지, 그리고 어머니 앞으로 부디 오래오래 건강하시고 행복한 여생을 보내시길 기원합니다.

2008년 3월 16일 아버지 고희연을 맞아
삼 형제를 대표하여 장남 김진욱 배상

6. 코스모스와 나의 첫사랑

 가을이 되면 이십오 리 길을 통학하며 중학교에 다닐 때 철길 양쪽에서 바람에 한들거리던 찬란한 코스모스와 대학 통학 때 버스정류장에서 대학 정문까지 도로 양쪽에 빨간색, 하얀색, 분홍색의 꽃이 피어 한데 어울려 늘어섰던 코스모스 길을 생각하면서 여러 상념에 잠기곤 한다.

 코스모스는 순정, 애정, 조화란 꽃말이 있다. 이러한 코스모스의 꽃말의 순정이란 어떠한 사심도 없이 보답을 바라지 않는 순수하고 아무 욕심이 없다는 뜻이며, 애정이란 사랑하는 정 또는 사랑하고 귀여워하는 마음이나 이성을 그리워하며 끌리는 마음이다. 그리고 조화란 대립이나 어긋남이 없이 서로 잘 어울리고 균형이 잘 잡힘을 의미하는 것으로 코스모스는 빨간색 분홍색 하얀색 등 여러 가지 색상이 어울려 어느 하나의 색상이 그 아름다움을 주도하지 않기에 코스모스는 조화미의 극치라 할 수 있다.
 가을 길가에 한두 그루 핀 코스모스를 보고는 외로움과 쓸쓸함을 느끼게 되고, 무리를 지어 핀 코스모스를 볼 때는 그 향기로움이 독특하고 여러 색깔의 조화로 이루어진 아름다움에서 옛날을 회상하게 한다.

나의 운명이 이상해서인지 결혼까지 못 간 옛날 학창 시절의 여인과 코스모스 핀 거리를 거닐면서 우리나라 경제를 논하고 더군다나 농촌경제를 논하면서 마치 우리나라 경제를 책임질 일꾼이 된 것처럼 건방을 떨었던 시간을 생각하게 한다. 어느 가을 코스모스 꽃밭에서 손수건을 깔고 앉아 우리들의 장래를 이야기하곤 하였다. 경제학보다는 회계학 쪽이 앞으로의 취업 등에 유리할 것 같았고, 내 형편으로 보아 군 의무를 마치고는 졸업 후 빨리 취직을 해야 한다는 얘기를 하였다. 그녀도 어마어마한 장래 계획을 얘기하지 않았고, 나와 같이 현실적이고 보편적이고 실현 가능한 이상을 얘기했다. 엊그저께 미화당백화점 음악 감상실에서 감상했던 고전음악에 대해서는 서로가 얘기하지 않았다. 지금 생각해 보면 그녀나 나나 모두 고전음악에 대한 깊은 지식이 모자랐기 때문이었을 것이다.

또 어느 날 그녀가 해수욕 가자는 제의를 했을 때 나는 수영을 정식으로 배우지 않고 시골 저수지에서 첨벙거렸던 개헤엄 정도라고 얘기하면서 남녀가 수영복만 입고 몇 시간씩 같이 지내는 것은 부끄럽기도 하고, 있을 수 없는 일이라 생각하여 그 제의를 거절했다. 지금 생각해 보니 남자가 아닌 여자의 해수욕 제의에 남자가 거절한 것에 대하여 무척이나 실망했을 것 같다. 그러니 우리는 손 한번 잡아 본 일도 없고 일요일이면 미화당백화점 5층 음악실에서 음악 감상 아니면 영화 감상이나 커피 마시는 일 이외에는 더 가까워질 말이나 행위는 없었다.

　오랜 세월이 지나서 코스모스 피어 있는 가을 거리를 거닐면서 내 연애의 실패 원인이 무엇이었는가를 생각하며 반성하게 되었고, 그래서 해마다 코스모스 핀 거리를 한없이 거닐면서 그녀를 생각하였다. 그러나 얼마 전 내 연애의 실패 원인은 나의 적극성 결여도 있었지만, 그녀가 나를 적극적으로 사랑하지 않았음을 알았기에 이제는 코스모스 핀 가을 거리를 걸어도 추억에 사무쳐 찡하게 마음을 울리지 않는다. 그러나 추억은 찡하든 찡하지 않든 어찌 되었거나 아름다운 것임이 틀림없으므로 몇 그루 안 되는 코스모스가 핀 가을 거리나 무리 지어 여러 가지 색깔의 코스모스가 핀 가을 거리를 지나노라면 대학 시절 사귀었던 그녀가 외롭게 보이기도 하고, 행복하게 잘 살고 있는지 그녀의 근황이 궁금해지는 것은 어찌할 수가 없다. 그래서 오늘도 나는 코스모스 피어 있는 거리를 한없이 걷고 싶다. 그녀가 나를 사랑하지 않았든 사랑하였든 그 문제를 떠나서……。

　가을 서리가 내리면 잎이 떨어지고 줄기가 말라 없어질 것을 알면서도 오늘도 따스한 햇볕을 받으며 가을바람에 하늘거리는 코스모스 너는 내 생각이 어떻든 가을마다 꽃을 피워 나에게 찡한 사랑의 그리움과 홀로 서 있는 한 포기 코스모스와 같은 외로움을 가르쳐 주었구나. 이제 내 인생의 스승인 너에게 다소곳이 고개 숙여 존경을 표하며 배움을 청한다. 사랑의 추억은 한 포기 외로운 코스모스와 같은 것인지 아니면 오색찬란한 코스모스와 같은 것인지를.

7. 할미꽃의 사랑

　백두옹(白頭翁), 노고초(老姑草)라 부르기도 하는 할미꽃은 옛날부터 우리 민족 정서에 오랫동안 함께 젖어 온 우리와 매우 가까운 꽃이다. 동요 가사에도 등장해 교실의 풍금 소리에 맞춰 '뒷동산 할미꽃'을 부르곤 했다. 그 양지바른 뒷동산은 이제 개발이라는 이름 아래 잠식되어 버리고 할미꽃의 보금자리가 없어져 버렸다. 게다가 눈에 띄기만 하면 채취해 가니 이제는 시골에서도 잘 볼 수 없게 되었다. 추워서 그런지 몰라도 하얀 솜털로 감싸고 허리까지 꼬부라져 애처롭고 동정이 가는 이 꽃은 이젠 멸종되지 않게 별도의 조치가 필요하다. 뿌리가 땅속 깊이 뻗어 나가므로 캐서 이식해도 활착률이 낮고 잘 살리지 못한다. 5~6월 꽃이 진 후 흰 솜털의 씨를 받아 상토에 파종하면 많은 양의 모종을 얻을 수 있다. 증식 기간이 길지만, 효율적이고 좋은 방법이다. 할미꽃은 솜털이 많고 허리가 굽었고, 하얀 머리카락의 씨앗이 노인의 형상과 닮았다 하여 종족의 이름도 백두옹(白頭翁)이다.

　할미꽃의 종류는 강원도 정선의 동강할미꽃(한국 특산식

물) 제주도 한라산의 가는잎할미꽃 등이 있다. 동강할미꽃의 분포와 서식지는 강원도 정선 동강의 바위틈이며 키는 15㎝ 정도이고 꽃은 4월에 피어 진분홍, 청보라, 흰색 등 몇 가지이며 전체에 털이 많고 잎은 모여 나며 꽃줄기에 총포 잎이 있다. 변이가 잘 생기고 한국의 특산식물로 유독성 식물이며 용도는 관상용이다. 가는잎할미꽃은 제주도의 산기슭 양지의 초지에서 서식하며 키는 15㎝ 정도이고 꽃은 4~5월에 피어 암홍자색이며 흰털이 많고 잎은 모여 나며 2회 깃꼴로 깊게 갈라진다. 꽃줄기의 총포 사이에 한 개의 꽃이 핀다. 유독성 식물이며 주로 관상용으로 심는다. (양득봉 저 역사넷 발간 우리 땅 우리 꽃 p65~67)

옛날 한 산골에 할머니가 두 손녀딸을 데리고 살았다. 허리가 굽은 할머니는 아비와 어미가 없는 두 손녀를 먹이고 입히고 잠자게 하고 올바르게 키우려고 예의범절을 깍듯이 가르쳐 남의 가문에 시집가더라도 할머니에게 욕이 돌아오지 않게 하려고 최선을 다하였다. 그 뒤 두 손녀를 시집보내고 할머니는 점점 몸이 쇠약해져 의지할 곳이 없어 부잣집에 시집간 큰손녀 집을 찾았으나 문전박대를 당하게 되었다. 하는 수 없이 어렵게 사는 작은손녀 집으로 가는 도중 산길에 쓰러져 돌아가시고 말았다. 할머니가 돌아가신 그 자리에 한 송이 꽃이 피었으니 그 꽃을 할미꽃이라 하였다. 할머니는 자기를 배척한 큰손녀도 피치 못할 무슨 사정이 있었을 것이라고 큰손녀를 원망하거나 괘씸하게 여기지 않고 너그러이 이해하였으며, 작은손녀는 비록 가난하여, 좋은 반찬에 좋은 잠자리가 아니더라도 같이 살면서 효도를 다할 것으로 굳게 믿었다. 작은손녀는 할머니의 믿음처럼 할머니에게 효도를 다하였을 것이다. 그러나 작은손녀 집으로 가는 도중 길에서 돌아가시자 그 자리에 꽃으로 피어나 손녀딸들에게 못다 한 사랑을 담아 할머니를 찾아올 손녀딸들에게 베풀고 싶었는지도 모른다.

할미꽃의 아름다움은 이루 표현할 수가 없을 정도로 보는 이들을 즐겁게도 하지만, 전설에 담긴 할머니의 사랑으로 감동을 주고, 뿌리까지도 약으로 쓰이고 있다. 우리 형제가 어릴 때 배가 아프면 할머니께서 할미꽃 뿌리를 캐어 삶은 물을 먹이곤 한 것이 기억난다. 할미꽃의 뿌리는 이질, 학질, 신경통에 좋은 민간약이 된다.

할미꽃은 허리까지 꼬부라졌어도 아프다고 불평도 하지 않고 최선을 다하여 아름다운 꽃을 피우고 있으니 얼마나 아름다운 기부이며 배려인가? 거기다 뿌리까지 민간요법에서 쓰이는 약재가 되어 자기를 다 내놓아 희생의 미덕을 실천하고 있으니 이 할미꽃에게 고개를 숙이고 배워야 하지 않겠는가?

그러나 할미꽃은 우리에게 베풀기만 하고 아무것도 요구하지 않는다. 우리도 무엇을 바라지도 않고 조건 없이 베풀기만 한다면, 그것은 매우 아름다운 기부요 참된 사랑이다.

가난하고 고통받는 자들을 위하여 조건 없는 사랑을 실천해야겠다고 다짐해 본다. 할미꽃에게 머리 숙여 존경을 표하고 싶다.

제7부
신앙과 나

1. 가톨릭 신자와의 결혼
2. 가톨릭 신자가 되다
3. 말씀의 초보적 이해
4. 신앙인의 삶

1. 가톨릭 신자와의 결혼

　우리는 태어나기 전이나 태어나면서부터 신앙을 가지고 태어나지는 않는다. 그러나 무서운 밤길을 걸을 때나 무서운 짐승을 만나 위험할 때 "하느님! 이 길을 무사히 가게 해 주세요!"라고 마음속으로 기도하기도 하고, 시험을 치를 때 "하느님! 이번 시험 잘 치게 해 주십시오." 또는 어떤 소원이 있을 때도 "하느님 저의 소원이 이루어지게 해 주십시오." 하며, 위기에 처했을 때 "하느님! 이 위기를 무사히 벗어나게 해 주십시오."라고 기도하면서 하느님을 믿고 의지하게 된다. 이와 같은 현상은 나뿐만 아니라 인간이면 누구나 특정 신앙을 가지기 전에는 특별한 경우에 처했을 때 하느님을 찾게 된다. 이때 특별한 경우란 평화롭지 않을 때 위험이나 위기에 처했을 때 무서움을 느낄 때 매우 가난하여 먹을 것이 없을 때 매우 슬픈 일이 생겼을 때 즐거움보다는 고난이 계속될 때 등이며, 찾게 되는 하느님이란 이 세상을 창조하시고 운영하시는 절대자인 하느님을 의미하며, 이와 같은 하느님을 보았거나 만났거나 들은 적은 없으나 그래도 이 세상의 절대자는 있을 것으로 믿는 막연한 그분을 의미하므로 기독교의 예수님, 이슬람교의 마호메트, 불교의 석가모니, 유교의 공자와 같이 각 종교의 최고 신이나 신성시 되는 분을 하느님이라 표현하였을 것이다.

나는 가톨릭 신자와 결혼하였고 결혼할 당시 앞으로 천주교를 믿겠다는 선서를 하고 결혼하였으므로 이미 천주교식 결혼(혼배)식을 주례 신부님 집무실에서 간단히 치렀다. 그때 내가 정식으로 세례를 받은 신자였다면 본당에서 혼인미사를 거행하였을 것이다.

"우리 인간은 종교적 심성을 지니고 있다. 인간은 어디에서 왔고 어디로 갈 것인지에 대하여 궁금해하면서 그 해답을 얻고자 하며, 인간은 진실하고 보람 있는 삶을 갈망하여 어쩌다 잘못을 저지르게 되면 양심의 가책을 받고 괴로워한다. 이와 같이 인간은 부족하고 나약하기에 절대자에게 의지하려고 한다. (한국천주교 예비신자 교리서 18~19p)." 그래서 인간은 하느님께 의지하려는 심성을 타고난다고 할 수 있다.

동국무역 임원 시절 신경성 위장염으로 많이 고생하고 있을 때 명동 성모병원에서 위 정밀검사가 필요하다는 담당 의사 선생님의 의견에 따라 입원하여 위내시경 검사를 받았다. 조금 전에 위 엑스레이 검사를 받았으나 그 결과가 별로 좋지 않다고 판단한 의사 선생님께서 정확한 진단을 위하여 위내시경 검사가 필요했던 것이다. 위 엑스레이검사도 99%의 정확도가 있다고 하였는데 그 1%가 의심되어 내시경 검사를 하라고 하니 병이 매우 심각한 것은 아닐까 많이 걱정되었다. 최악으로는 위암이 이미 진행되고 있을지도 모른다. 그렇다면 그 위암은 수술로 회복이 가능한 초기 단계일까? 아니면 회복 불가능한 3, 4기일까? 여러 가지 생각이 나의 머리를 스치고 지나갔다. 그런저런 생각으로 잠을 이룰 수 없었다.

  검사 전날 잠은 오지 않고 걱정이 되어 한숨만 내쉬면서 시간을 보내고 있다가 다른 환자들이나 보호자들이 잠을 자고 있을 자정쯤 되어 아래층에 조용히 내려가 문을 열고는 마당 쪽으로 갔다. 마당 한쪽에 성모님 동상이 있었고 옆으로 항상 맑은 물이 흐르고 있었다. 성모님은 웃으시면서 "이 세상을 살아가느라 지치고 힘든 자들아! 모두 나에게로 오라."고 하시며 어렵고 가난하고 마음이 약한 자들을 기다리고 있었다. 나는 성모님 동상 앞에 꿇어앉았다. 여태껏 마음속으로는 예수님이나 성모님 동상 앞에 꿇어앉아 괴로운 것이나 고민을 얘기하고 그 답을 구하고 싶었어도 마음의 벽이 허물어지지 않아서, 그럴 용기가 없어서 그렇게 못 하였는데 오늘 저녁 모두가 잠든 자정에 성모병원 앞뜰에 계신 성모님 앞에서 나도 모르게 무릎을 꿇었다. 이제부터 성모님께 매달리며 청원하여 보리라 굳게 다짐하면서 내가 하고 싶은 얘기를 두서없이 하였다. 성모님에 대해 칭송은 하지 않고 나의 청원만 늘어놓은 격식도 갖추지 않고 예의도 없는 기도였고 청원이었다.

  "성모님, 저를 살려 주십시오. 저를 위암에서 구해 주십시오. 저는 아직 자식이 어리고 저의 집안에서도 할 일이 많이 남아 있습니다. 저축한 돈도 별로 없어서 제가 잘못되면 집사람과 자식들은 당장 불행해질 것이고, 어머니와 동생들도 장남과 큰형을 잃어 정신적으로 우왕좌왕할 것입니다. 저는 개인적으로 하고 싶은 일들이 너무나 많습니다. 몇 가지 책을 출판해야 하고 세 아이 중 한 아이라도 박사학위를 받게 하여 아버님 영전에 바쳐야 합니다. 저는 박사가 돼서 대학교수가 되는 것이 저의 꿈이었습니다. 그러나 가정이 어려워 박사 공부를 하지 못하여 나의 나래를 펼 수 없었으나 내 아이 중 한 사람은 나를 대신해서 박사 학위를 받아 꼭 할아버지 영전에 올리게 되면 저승에서 기쁨의 눈물을 흘리실 것입니다. 내일 검사에서 좋은 결과가 나오면 모든 것이 주님과 성모님의 은혜라 믿고 주님의 제자가 되겠습니다. 제가 결혼할 때 하느님의 제자가 되겠다고 약속해 놓고 그동안 세례를 받지 않았던 벌을 저에게서 거두어 주시면 퇴원 후 꼭 교리 공부부터 시작하겠습니다." 하며 그 자리에서 한참 동안 참회의 눈물을 흘렸다.

그다음 날 내시경검사가 시작되었다. 내시경검사 과정은 매우 고통스러웠다. 내시경 기구가 서양 사람에게 맞게 제작되어 동양인에게는 너무 커서 목구멍으로 들어갈 때 매우 고통스러웠고 내시경 검사를 시행하는 의사 선생님들도 이제 막 의대를 졸업한 인턴들이어서 기구를 다루는 데 미숙하여 더욱 고통스럽게 했다. 그러다 어떻게 삽입이 성공하여 검사가 시작되었다. 그 위내시경 검사 결과는 암이 아니었고 심한 신경성 위염이라는 담당 의사 선생님의 검사 소견이었다. 얼마나 반가웠던지 펄펄 날아가고 싶었다.
어제저녁 주님과 성모님께서 나의 기도를 들어주시었구나! 아마 성모님께서 주님에게 더 간곡히 부탁하시어 나의 생명을 연장해 주셨구나! 하면서 감사의 눈물이 주르륵 나도 모르게 흘러내렸다.

2. 가톨릭 신자가 되다

　나의 위장병이 암이 아니라 심한 신경성 위장염이었다고 의사 선생님의 검사 결과를 듣고는 한없는 환희와 기쁨 속에서 새로운 희망을 품게 되었다. 그러면서 내가 제일 먼저 할 일은 약속대로 하느님의 제자가 되는 것이었다. 내가 사는 곳은 잠실성당 구역이었고, 이 동네 성당에 다니시는 남자 교인의 인도를 받아 교리반 중 직장인반에 등록하게 되었다. 그리고 교리 공부에 하루도 빠짐없이 참석하였으며 수업은 이병문 신부님이 직접 주관하시었다. 천주교 신자가 되려면 약 6개월간의 교리를 수강해야 하며 필기시험과 구두시험에 합격해야 한다. 출석 성적과 미사 참여 성적도 반영된다. 이때 필기시험이나 구두시험을 찰고라 하며 이 찰고에서 일정 점수 이상을 얻어야 하며 필기시험 대신에 구두시험만 보는 경우도 있고 그 반대의 경우도 있다.
　그리고 교리 수강을 받는 6개월 동안 주일미사에 참여하여야 하며 이 미사 참여로 미사 진행 요령을 터득하게 되며, 예수님과 함께하면서 이웃 교인들과의 친목도 도모하게 된다. 교리 공부 시간에 궁금한 점이 많아 신부님에게 누구보다 많은 질문을 하였고, 신부님은 저의 질문에 친절히 답변

해 주셨다. 성경을 읽고 교리 공부를 하는 중에도 성부와 성자와 성령은 한 몸, 한 분이라는 삼위일체 이론과 성모님의 아들이라고 직접 성경에서 기술하지는 않았으나 예수님의 형제 누구누구라는 이름은 성경에 나오므로 성모님이 평생 동정녀였다는 성모님 평생 동정론이나 성모님 승천론 등에 대하여 이해가 되지 않아 교리 공부 시간에 자꾸만 질문을 하게 되었고 그에 대하여 신부님께서 자세히 설명해 주었으나 이해가 되지 않는 부분도 있었다. 그때 신부님께서는 자기가 가지고 있는 책을 빌려주면서 읽고 이해하도록 하거나 자기에게 없는 다른 책을 보도록 권유하시면서 나를 이해시키려고 애쓰시었다. 이러한 의문은 그리스도의 가르침이란 책을 읽으면서 많이 해결되었다. 신약 외경에서도 많은 의문점이 풀리기도 하였다. 교리 공부 기간 중 구약과 신약의 통독을 비롯하여 『화란교리서』, 『그리스도의 가르침』, 『교부들의 신앙』, 『무엇을 하는 사람들인가』, 『일어나 비추어라』, 『천국의 열쇠』, 『칠층산』 등의 책을 다 읽었다. 교육과정이 끝나고 시험에도 무난히 합격이 되어 세례를 받게 되었다. 세례식 날 주위의 교우들이 와서 축하해 주었다. 세례식 중에 부르는 성가는 「기쁜 날」이었다. 그 성가는 이러하다 "주의 말씀 받은 그날 기쁘고도 복되어라. 기쁜 이 맘 못 이겨서 온 세계에 전하노라, 기쁜 날, 기쁜 날 주 나의 죄 다 씻은 날 (후렴) 기쁜 날 기쁜 날 주 나의 죄 다 씻은 날 「이 좋은 날 천한 내 몸 새사람이 되었으니 몸과 맘 다 바쳐서 영광의 주 섬기리라 (후렴)」, 「새사람 된 그날부터 주 나의 것, 주 나의 것, 주만 따라 살아가며 복된 말씀 전하리라(후렴)」" "저는 그동안 알게 모르게 많은 죄를 지었습니다. 그리고 하느님을 알아뵙지도 못하는 미련한 눈과 머리를 가지고 지내면서 하느님 말씀에 어깃장만 놓았습니다. 이렇게 몽매한 저에게 지난 옛날의 죄를 다 없애 주시고 새사람을 만들어 주셨습니다." 그런 하느님이 너무나 감사하여 끊임없이 눈물이 흘러내렸고 그 눈물 때문에 나는 노래를 이어가지 못했다. 주님에 대한 감사는 가슴속 깊이 새겨지고 주님의 용서하심은 한없이 넓기만 하시어 이 미련한 곰탱이에게도 기회를 주셨으니 그에 대한 감사의 뜻에서 나온 진하고 뜨거운 눈물이었다. 주님의 제자가 된 후 나의 마음속에서는 많은 변화가 있었다.

욕심에는 물욕, 성욕, 출세욕, 명예욕 등 여러 가지가 있겠으나 성욕, 출세욕, 명예욕 등은 나이가 들어 오륙십을 넘기면 저절로 약하게 되어 사람이 살아가는 데 크게 영향을 미치지 않게 된다. 그러나 물욕을 줄이지 않으면 본인 자신이 행복한 삶을 영위할 수 없게 되나 이 물욕은 좀처럼 줄어지거나 없어지지 않는다. 현재 나이가 들어 직장에서 은퇴하여 물적 수입이 없다면 가진 재산에 만족하고 오늘에 감사하며 살아야 한다. 마침 내게는 약간의 저축금이 있고, 살고 있는 집이 있으며 전립선암 수술을 한 것을 제외한다면 아직은 큰 병 없이 건강하다. 이 세상에는 나보다 못한 사람이 훨씬 많은데 그 사람들에 비교하여 나는 얼마나 복 받은 인생인가 다시 한번 하느님께 감사드린다.

이처럼 하느님의 자녀가 된 후에 세상을 보는 내 사고의 변화와 항상 하느님에 대한 감사하는 사고의 변화는 현재의 적자 인생이 흑자 인생으로 느껴지면서 내 주위에 계시는 분들을 편안하게 해 주고 나 자신에게도 불안 대신 모든 일에 만족하며 살게 되었다. 이처럼 긍정적 사고는 그것이 커다란 거짓이 아닌 한 자기에게 더욱 많은 평안과 행복을 가져오지만, 부정적 사고는 남을 불신케 하여 남의 마음을 상하게도 하고 자기 자신도 마음에 상처를 입는 결과를 가져와 자기를 불행하게 만들고 주위 사람도 불편하게 만든다.

그래서 나는 현재의 내 형편대로 생활은 최소한의 돈으로 즐기면서 살다가 나와 엘리사벳이 건강하지 않을 때 남은 돈으로 치료받고 치료비가 모자라게 되면 집을 줄여 치료받을 예정이며 그래도 남으면 그때에는 자식에게나 불우한 이웃에게 돌아가게 하고 싶다.

부자가 천국에 들어가는 것은 낙타가 바늘구멍으로 들어가는 것보다 더 어려우며, 재물은 하늘에 쌓으라고 주님은 말씀하시었다. 그러므로 우리는 이 세상에서 모은 재산을 건강 유지와 어려운 이웃을 위해 써야 한다. 하지만 나이 들어서도 자식을 위한다고 하여 지나치게 내핍생활을 하느라 노후의 행복을 놓치는 것은 바람직한 인생의 마무리가 아닌 것 같다.

그리고 주님의 제자가 된 후 마음의 변화 중 큰 하나는 나보다 못한 약한 자에게 정신적으로나 물질적으로 위로를 줄 수 있는 배려와 나보다는 이웃을 배려하는 마음을 가지게 된 것이다.

이웃에 대한 배려는 물질적 배려도 중요하겠지만, 정신적 위로도 물질 못지않게 중요하다는 것을 잊지 말아야 하며,

물질은 자기 힘에 맞게 해야 하고, 적은 것이라도 서로 배려한다면 이 사회는 구름 한 점 없는 맑은 하늘처럼 맑고 밝은 마음들이 모여 행복한 사회가 될 것이다.

주님의 자녀가 된 이후에 주님의 가르침에 따라 살아가기를 애쓰면서 나에게 좋은 변화가 찾아와 나의 마음을 흔들어 이웃 배려의 마음이 자리를 차지하더니 점점 자리를 넓혀 가고 있다. 나의 마음을 변하도록 인도하신 주님께 감사의 기도를 올린다.

3. 말씀의 초보적 이해

하느님께서 모세를 통하여 이스라엘과 계약을 맺으시고 십계명을 주시기에 앞서 "나는 너를 이집트 땅 종살이하던 집에서 이끌어 낸 주 너의 하느님이다(탈출 20:2)."라고 말씀하셨다. 이 말씀은 하느님께서 인간을 얼마나 사랑하시고 돌보아 주시는지를 알 수 있다. 십계명은 인간의 자유를 제한하고 구속하는 법이 아니라 인간이 하느님의 사랑과 은혜를 계속 받을 수 있게 해 주는 법이다. 이는 다음과 같다.

① 한 분이신 하느님을 흠숭하여라.
② 하느님의 이름을 함부로 부르지 마라.
③ 주일을 거룩히 지내라.
④ 부모에게 효도하여라.
⑤ 사람을 죽이지 말라.
⑥ 간음하지 말라.
⑦ 도둑질하지 말라.
⑧ 거짓 증언을 하지 말라.
⑨ 남의 아내를 탐내지 말라.
⑩ 남의 재물을 탐내지 말라.

위의 십계명은 예수님 시대에는 사랑의 계명으로 요약되어 ①, ②, ③은 하느님에 대한 사랑의 계명으로 요약되며 ④부터 ⑩까지는 사람에 대한 사랑의 계명으로 요약된다. 하느님에 대한 사랑의 계명에서 우리가 다짐할 것은 주일미사에 참여하는 것은 우리가 하느님께 구원받고자 어쩔 수 없이 지켜야 하는 멍에가 아니라, 우리를 사랑하시는 하느님께 마땅히 드려야 할 사랑의 응답임을 늘 기억하도록 해야 하겠다. 위 십계명 중 ④의 부모에게 효도하여라. ⑥ 간음하지 말라 ⑨ 남의 아내를 탐내지 마라는 가정의 화목을 이루고자 가족 사랑을 말씀한 것으로 우리 가정의 화목을 가로막는 요소가 무엇인지 생각해 보고 적어도 한 주 또는 한 달에 한 번은 정기적으로 온 가족이 모여 대화하고 기도하는 시간을 가지면 좋겠다. 그다음 ⑤ 사람을 죽이지 말라. ⑧ 거짓 증언을 하지 말라는 계명은 인간 생명의 존중을 강조하신 것으로 살인, 낙태, 안락사, 자살 등 직접적인 생명 파괴 행위는 물론 장기매매나 인간의 몸을 비윤리적인 목적이나 방법으로 실험하는 모든 행위는 인간 생명의 존엄성과 창조주의 거룩한 뜻에 크게 어긋나는 일이므로 어떠한 경우에도 단호히 맞서 이겨야 하겠다. ⑦ 도둑질하지 마라. ⑩ 남의 재물을 탐내지 말라는 경제활동과 직업윤리에 있어 경제생활은 생산된 재화를 늘리고 이윤이나 경제력을 신장시키는 것만을 목표로 하지 않으며, 인간이 경제생활의 주인이고 중심이며 목적이므로 노동은 인간 삶의 조건이며 경제활동의 기본이므로 인간의 존엄성과 기본권을 해치는 것이 되어서는 안 된다. 따라서 노사는 공동선을 바탕으로 대화를 통하여 합리적으로 해결해야 한다.

그리고 칠성사에 대하여 말씀드리자면 예수님께서 교회 안에 일곱 가지 성사를 제정하셨는데 이는 신앙생활의 중요한 단계나 시기에 관계된다. 이때 성사란 그리스도께서 세우시고 교회에 맡기신 은총의 효과적인 표징들로 이 표징들을 통해서 하느님의 생명이 우리에게 베풀어진다. 천주교는 우리에게 신앙을 심어 주고 신앙의 성숙을 돕고 하느님의 은총을 전해 주고자 우리 생활과 밀접한 표현과 사물들로 구성된 여러 가지 특별한 표징을 갖고 있다. 우리는 이런 표징들을 통하여 하느님께서 우리의 삶에 깊숙이 들어오심을 체험하게 되고 참된 그리스도인으로 살아갈 힘을 얻게 된다. 곧 성사는 눈으로 볼 수 없는 하느님을 체험하게 하는 하느님의 은총을 전해 주는 눈에 보이는 표징들로 이 일곱 가지 성사는 그리스도교 입문성사인 세례성사, 견진성사, 성체성사, 치유의 성사인 고해성사, 병자성사, 친교에 봉사하는 성사인 성품성사, 혼인성사이다. 이 중 세례성사와 견진성사와 성품성사는 일생에 단 한 번만 받으며 나머지 성사는 여러 번 받을 수 있다.

   이 성사에 비하여 준성사란 말이 있는데 교회는 몇 가지 봉사 직무와 생활양식, 신앙생활의 여러 상황, 사람들에게 유익한 물건 등을 성화하고자 준성사를 제정하여 하느님의 은총을 전해 주려고 하였다. 이러한 준성사는 교회가 오랜 관습과 거룩한 전통에 근거하여 성사들을 어느 정도 모방하여 설정한 상징이나 예절을 말하며, 준성사에는 축복 봉헌(축성) 구마 등이 있다.

   입문성사나 세례성사는 우리가 정해진 과정을 마치고 천

주교에 정식으로 입문하게 될 때 받는 예식으로 우리가 세례성사를 받음으로써 죄를 용서받고 하느님의 참된 자녀로 다시 태어나 하느님의 새로운 백성인 교회의 일원이 된다. 그리고 교회에서 베푸는 다른 성사들을 받을 수 있는 자격을 얻게 되며, 그리스도인으로서 주어진 사명을 수행하게 된다. 또한 세례성사는 새로 태어남을 의미함으로 우리의 죄를 깨끗이 씻어 용서한다는 뜻으로 세례성사 예식은 죄악에 물든 과거의 우리 자신은 죽게 하며, 동시에 그리스도의 부활에 동참하여 우리도 하느님의 새 생명을 얻게 한다. 그래서 세례성사를 받게 되면 우리가 물려받은 '원죄'와 지금까지 우리가 저지른 죄인 '본죄'를 모두 용서받아 깨끗한 몸으로 하느님의 영원한 생명에 들게 된다. 또 세례성사는 우리 영혼에 지울 수 없는 표시인 인호를 새겨 주며 성인들의 모범을 본받고자 성인의 이름을 세례명으로 정하고 대부모를 정하여 신앙생활에 도움을 받는다. 세례성사의 집권자는 주교, 사제, 부제가 주는 것이 원칙이지만, 부득이한 경우 누구나 줄 수 있다.

 그리고 세례성사를 받기 위한 준비로는 첫째 세례성사를 받고자 하는 열망이 있어야 하고, 둘째 하느님에 대한 확고한 믿음이 있어야 하고, 셋째 최소한의 교회 지식을 갖추어야 하며, 넷째 지은 죄를 뉘우치고 회개하는 마음이 있어야 한다.

 견진성사는 우리에게 성경과 성령의 특별한 은총을 베풀어 주는 성령의 성사로서 집권자는 대개 주교가 거행하지만, 특별한 경우 주교의 위임을 받은 사제도 줄 수 있다.

유아세례는 교회의 신앙 곧, 부모와 대부모와 신자들이 고백하는 교회의 신앙으로 세례를 베푸는 것이며, 임종세례는 갑자기 죽을 위험이 있는 비신자에게 누구든지 베풀 수 있는 비상세례를 말하며 이때 세례를 받을 사람은 하느님 존재 삼위일체이신 하느님, 하느님의 아드님 예수 그리스도의 강생 구속, 하느님의 심판과 영생에 대한 소리를 듣고 그리스도 신앙을 받아들인다는 긍정적 대답을 해야 한다. 그리고 입문 성사 중 성체성사는 예수님께서 복음 선포활동을 하실 때 빵을 많게 하셔서 많은 군중을 배불리 먹이신 기적(요한 6:1~15), (마태 1:14~13:21)을 청하시면서 성체성사의 의미를 미리 설명해 주셨고, "나는 하늘에서 내려온 살아 있는 빵이다. 누구든지 이 빵을 먹으면 영원히 살 것이다, 내가 줄 빵은 세상에 생명을 주는 나의 살이다(요한 6:51)." 라고 하셨고, "내 살을 먹고 내피를 마시는 사람은 내 안에 배부르고 나도 그 사람 안에 머무른다(요한 6:56)."고 말씀하시면서 최후의 만찬 자리에서 성체성사를 제정하심으로서 이러한 예고를 완성하시고 실현하셨다.

그리고 치유의 성사로 고해성사와 병자성사가 있다.

고해성사는 하느님께서 용서와 화해를 이루어 주시는 사랑의 성사이며, 그리스도께서 사제에게 사죄권을 주셨음을 이해한다. 고해성사는 우리가 지은 죄를 진심으로 뉘우치면서 하느님께 죄를 고백하고 용서의 은총을 받는 예식이다. 사죄권은 원칙적으로 하느님에게 있다고 보아야 하며, 예수님께서 베드로에게 하늘나라의 열쇠를 줌으로써 사제에게 사죄권이 있다 하셨다. 그리고 고해성사를 위한 준비로 고백자가 해야 할 세 가지 행위는 뉘우침(통회), 고백, 보속이다. 일상생활에서 소죄는 양심 성찰과 참회의 기도로써 하느님의 용서를 받을 수 있으나 십계명을 거스르는 것과 같은 대죄나 소죄도 습관적이며 의식적으로 지었을 경우에는 고해성사를 받아야 한다.

대사란 고해성사를 통하여 지은 죄는 용서받았지만, 하느님 앞에서 받아야 할 일시적인 벌, 곧 잠벌을 부분적으로 면죄해 주거나(부분대사) 전적으로 면제해 주는 것(전대사)이다.

병자성사란 중병이나 노쇠상태의 어려움을 겪고 있는 그리스도인에게 위로와 용기를 주며 주님께서 바라실 경우 치유의 은혜도 주는 예식이다. 병자성사의 집권자는 사제이며, 예수님께서 많은 병자를 고쳐 주신 것이 병자성사의 모태라 하겠다.

신품성사는 하느님과 세상에 봉사하도록 선발하여 축성하는 성사이고 혼인성사는 부부 스스로 이루는 성사로서 혼인생활을 통하여 하느님 사랑을 드러내고 구원사업에 봉사하는 성사이다. 신품성사의 세 품계로는 주교, 사제, 부제가 있다. (이상 한국천주교중앙협의회 발행 한국천주교예비신자 교리서 참조)

4. 신앙인의 삶

　이 세상을 만드시고 우리 인간을 창조하시고 우주 속에 존재하는 온갖 사물인 삼라만상을 만드신 분은 하느님이시므로 우리들의 생활 하나하나가 주님의 섭리로 이루어진다는 사실을 항상 깨달아야 한다. 아침 일찍 일어나 운동을 할 수 있는 육체의 보존도 하느님 덕분이고, 세끼의 밥을 먹을 수 있는 것도 하느님의 덕분이며, 지나간 세월을 회고하면서 되새겨 보고 싶은 추억을 내 머리에 떠올리게 하는 것도 하느님의 섭리이자 덕분이다.
　하느님의 섭리 중에는 좋은 일만 있는 것이 아니고 때로는 심한 시련을 주기도 하는데, 우리의 믿음이 허약할 때나 좀 더 견고한 믿음이 필요할 때 주님께서는 시련을 주시기도 한다. 교회에 열심히 잘 나가면서 주님을 잘 믿는다고 자만할 때도 주님께서는 시련을 주곤 하신다. 이 모든 인생의 희로애락 그 자체가 하느님의 섭리이며, 우리는 이 섭리에 순종하며 감사해야 한다. 어떠한 상황에서도 주님을 슬프게 하거나 원망하거나 민망케 하면 안 된다. 우리의 주님은 항상 우리의 구원을 위하여 언제 어느 곳에나 계시면서 애쓰시는 분이시기 때문이다.

나약한 존재인 인간은 주님에게 청할 것은 청하고 감사할 것은 감사하게 생각하고 의지할 때는 확실히 기대며, 언제나 어디서나 하느님과 대화해야 한다. 하느님과의 대화를 우리는 흔히 기도라고 말한다. 잠깐 주님 생각이 났을 때 "주님, 감사합니다."라고 화살기도를 할 수도 있다. 약한 인간인 우리가 구원받는 데 필요한 것은 우리의 죄에 대한 진실한 참회이다. 밤낮으로 언제나 짓고 있는 죄이기에 우리는 이 죄에 대하여 회개하면서 주님에게 구원이나 용서를 청하여야 한다. 주님께서는 우리가 아무리 청하여도 화를 내시는 분이 아니시다. 그리고 우리는 좋은 일이든 나쁜 일이든 아주 작은 일에도 항상 주님께 감사의 기도를 드려야 한다.

나는 운동을 하면서 구일기도를 시작하였다. 청원의 기도 27일, 감사의 기도 27일 총 54일 기도를 마치면 다시 조금 다른 청원을 하면서 또 구일기도가 시작된다. 이제 구일기도 자체가 생활화되었고, 앞으로는 성경 신약과 구약 읽기에 정성을 다하려고 한다.

신앙인이 된 후 우선 마음의 변화가 오게 되었으며 그 첫째는 쓸데없는 욕심을 버리는 것이고, 둘째는 이웃을 사랑하고 이웃을 위해 봉사하는 것이다.

신앙인의 삶은 하느님의 사랑에 대한 감사와 이웃에 대한 사랑을 실천하는 것이며, 이웃에 대한 사랑은 이웃에게 베푸는 육체적 봉사나 물적 기부와 같은 뜻으로 해석되며, 물적 기부는 자신의 물적 능력 범위 내에서 해야 한다.

나의 물적 기부는 복지단체 등의 월 회원이 되어 조그마한 금액이나마 매월 얼마씩 기부하고 있으며, 단체에 따라서는 20년이 훨씬 넘는 단체도 있고 현재 기부하는 단체 수는 열 개 정도 된다. 그러나 보육원이나 양로원을 직접 찾아가 목욕시키고 빨래하고 김치 담그는 육체적 봉사는 하지 않고 있어 육체적 봉사로 사랑을 실천하는 분들에게 항상 미안함을 느끼며, 존경과 감사를 드린다. 특히 성당 연령회 회원들은 죽은 이를 깨끗이 닦아 주고 옷도 입히는 봉사와 기도 등 정말 어려운 봉사를 하고 있다. 존경스럽고 주님의 사랑을 참되게 실천하는 데 대하여 무한한 감사를 드린다.

나는 신앙인으로서 내가 할 수 있는 사랑의 실천을 하고자 마음에 되새기면서

첫째 하느님에 대한 사랑의 실천으로

① 주일미사는 꼭 참석하되 평일 미사도 간혹 참석하도록 노력한다.
② 주님에게 항상 감사한 마음을 가지도록 하고, 항상 겸손한 마음을 가진다.
③ 어려운 일이 닥칠 때는 항상 주님이 내리신 시련이라고 생각하고 이겨 나가도록 기도하고 노력한다.
④ 성경을 쓰거나 읽거나 하여 항상 주님과 같이 있도록 한다.

둘째 이웃에 대한 사랑 실천으로는

① 훌륭한 뜻을 가지고 일하고 있는 사회복지 단체에 물

적 영적 돕기를 계속한다.

② 나를 대신하여 앓고 있고 어렵게 지내시는 이웃에 대하여 관심을 가진다.

③ 가까운 친구 친지에 대하여 살펴보고 내가 가능한 범위 내에서 영적 물적으로 돕는다.

④ 나의 가장 가까운 친구인 엘리사벳의 건강을 위한 기도와 건강을 돌본다.

⑤ 나의 아들들인 베드로가 훌륭하고 능력 있는 가장이 될 수 있도록 도와주시고, 멀리 바오로 내외와 그 아이들의 건강과 행복, 그레고리오 내외와 그 아이들의 건강 등을 위한 기도 등이다.

제8부
나의 꿈

1. 아지랑이 피어오르는 봄날에
2. 골목대장의 꿈은 버리자
3. 교훈이 될 글을 쓰고 싶었다
4. 이웃을 행복하게 해 주는 글을 쓰고 싶었다

1. 아지랑이 피어오르는 봄날에

　나의 고향 진례에서 출발하여 10km쯤 가게 되면 우리가 다니는 중학교가 보이며 중학교 가기 전 1km 정도 왔을 때 진영에서 삼랑진을 지나 부산으로 가는 철길이 시작되어 약 500m 정도는 그 철길을 걷게 된다. 겨울철이 지나고 봄이 익어 가는 3, 4월이 되면 그 철길을 걸어가면서 앞을 바라보면 아지랑이가 아롱거린다. 이 아지랑이를 보노라면 아지랑이가 철길을 왼쪽으로 옮겼다가 다시 오른쪽으로 옮기기도 하고 또 오른쪽에서 왼쪽으로 옮기기도 하고, 철길의 길이도 때로는 길게 하였다가 때로는 짧게도 하면서 아주 단단한 쇠로 만든 철길을 자기 마음대로 주무르고 있다. 혹 불면 날아가 버릴 것 같은 봄날 아지랑이의 위력 앞에 감탄할 뿐이었다.

　학교 수업을 마치고 집으로 가면서 이 길을 걸을 때는 공부에 대한 부담감을 떨친 채 마음의 여유를 가지고 아지랑이를 동무 삼아 철길을 걷다가 잠시 기차가 오지 않는 틈을 보아 철길에 앉아서 조금 멀리 아지랑이 춤추는 장단에 맞춰 철길이 조금씩 움직이는 모습을 보고 있자면 철길가에 노랗게 피어 있는 민들레와 쑥쑥 고개를 내미는 쑥대도 저쪽에 떨어져 있는 앵두나무도 아지랑이와 함께 바람에 흔들리며 춤을 추고 있다. 아지랑이 피어 춤추고 있는 봄날의 철길가에서 하늘을 쳐다본다. 햇볕이 쨍쨍 내리쬐고 옆에 있는 언덕은 바람막이가 되어 따스한 기운이 나의 몸을 감싸 돌면 사르르 졸음이 올 것만 같은데 간간이 따스하면서 시원한 바람이 지나간다. 이 좋은 봄날 아지랑이 춤추는 곳에 편안하게 잠깐 누워 장래의 나를 생각하게 된다.

우리 집은 조용한 때가 없고 항상 분위기는 전쟁터 같았다. 얼마 되지 않는 논밭을 가진 터라 일 년 소득은 빤한데 써야 할 곳은 자꾸만 터지고 있으니 책임감이 강한 가장인 아버지께서 화를 내는 경우가 많아졌다. 책임감이 강하다는 것은 준비성이 강하다는 말과도 일맥상통하는 것이니 예를 들어 일 년에 열 식구가 먹어야 하는 양곡이 육십 가마라고 가정하면 지금 확보할 수 있는 양곡은 그 반인 삼십 가마니밖에 안 되니 나머지 양곡을 어떻게 확보하느냐고 걱정하면서 고민하고 있는데 예상에 없던 지출 항목인 자식들 결혼, 조카들 결혼, 조모님 병환 증조부모님 병환이나 돌아가셨을 때나 자식들 학교에서의 돌연 비용 등이 생겼을 때 별 방법이 없어 조그마한 일에도 화를 내게 된다. 만약 준비성이 강한 어른이 모자라는 양곡을 마련하려고 농촌에 일이 없는 겨울철에 다른 공사 현장에 가서 돈을 벌어 온다고 하더라도 커다란 지출이 자꾸만 터지게 되면 아무리 준비성 강한 어른이라 하더라도 속이 상하게 되고 자기도 모르게 집안 식구들에게 화를 자주 내게 된다. 이러한 집안 분위기 속에서 생활하는 나는 대통령이나 국무총리가 되는 꿈으로는 가난을 해결할 수 없다고 생각되어, 초등학교 시절부터 포기한 상태였고, 그다음 장사를 하여 돈을 많이 버는 꿈은 나의 성품과 소질에 맞지 않기에 일찍이 포기하였다. 그래서 나는 아지랑이 피어오르는 봄날의 철길가에 누워 대학교수나 과학자 아니면 선생이 되겠다고 주먹을 불끈 쥐면서 단단히 결심했다.

대학교수가 되려면 우선 대학원에 진학하여 석사학위와 박사학위를 따야 한다. 그러자면 중학 졸업 후 고등학교에 진학하고, 대학에 진학하여 졸업 후 대학원에 들어가 육 년 반 이상 공부하여 석사, 박사학위를 취득하고는 교수 임용할 대학이 있는지를 살펴보아야 한다. 그리고 과학자가 되려 하여도 대학교수처럼 열심히 공부하여 대학, 대학원을 다니면서 석사, 박사학위를 따야 하고, 그다음 취업할 연구소 학교 등을 알아보아야 한다. 대학교수가 되거나 과학자가 되는 것도 공부 기간이 너무 길고 그에 따른 학비의 부담이 커서 나의 희망에서 우선 접어야만 했다. 그러면 현실적으로는 선생이 되는 것인데. 선생이 되려면 사범학교나 사범대학에 가서 공부하여 졸업하면 자격이 부여되고 사범대학교에 입학하여 졸업할 때까지 각종 장학제도가 많아 가정이 어려운 자가 채택하여 선생이 되는 것은 비교적 잘 어울리는 길이지만, 현실적인 대안이었지 결코 꿈은 될 수 없었다. 선생이나 공무원이나 회사원이 되어 평범한 월급쟁이로 가정을 꾸리고 자식을 낳고 월급을 조금씩 저축하여 부모님 돕고 동생들의 결혼식에 부모님과 함께 돕는 것도 가난을 극복하고 부모님에게 효도하는 훌륭한 방법이 된다. 그러나 어릴 때의 내 꿈은 그것이 아니었다.

꿈이란 마음속의 이상으로 비록 그 실현이 어렵더라도 젊은이가 반드시 가져야 하고 품어야 할 굳은 생각이다. 물론 덧없는 바람이나 헛된 꿈 즉 현실을 떠난 듯한 허황한 것은 결코 바람직한 꿈이 아니다. 그러나 대학교수나 과학자가 비록 공부하는 기간이 길고 학비가 많이 소요되더라도 내가 실현할 가능성이 있는 꿈이다. 그 방법은 대학을 다니면서 또는 대학원을 다니면서 아르바이트하며 돈을 벌면서도 할 수 있었기에 그 학비나 기간은 문제가 되지 않는다. 집안의 가난을 피하는 문제는 별도의 문제로 남겨두고 또 다른 방법을 연구하면서 불가능하다고 생각하였던 대학교수나 과학자가 되려는 꿈을 꾸었다. 봄날 아지랑이 피어오르는 철길가에 누워 대학교수나 과학자가 되겠다는 꿈을 꾸면서 싱긋이 웃다가 기차의 기적 소리에 놀라 철길가에서 얼른 몸을 피했다.

2. 골목대장의 꿈은 버리자

골목대장이란 골목에서 노는 어린이 가운데 우두머리 노릇을 하는 아이를 일컫는다. 여기에 골목이란 동네 가운데 좁은 길이다. 동네 좁은 길에서 놀고 있는 어린이 대장은 시야가 아주 좁아 큰길이 얼마나 큰지 얼마나 넓은지 큰길에서는 얼마나 큰 자동차가 달리고 있는지 얼마나 많은 차가 일시에 달리고 있는지를 모른다.

골목대장은 어린 꼬마들의 대장으로 어른들이 얼마나 힘이 센지 마음은 얼마나 넓고 너그러운지도 모르며 큰길은 없고 이 세상에는 골목만 있다고 생각하며, 더 배울 것이 없다며 공부도 하지 않고 어른들의 말씀을 믿으려 하지 않아 지식이나 학식을 넓히려고 하지도 않고 현재의 꼬마 지식을 가지고 하루하루를 지내면서 어린이 대장으로 머물면서 어른 대장으로 발전하려고 노력하지 않는다.

골목대장은 우물 안의 개구리같이 현재의 자기 위치와 생활에 만족하면서 더 넓은 바깥세상이 있는 줄도 모르고 설령 더 넓은 세상 더 큰 길이 있다고 하여도 굳이 그곳으로 나가 그곳에서 대장 노릇을 하려고 하지 않는다.

그러면 골목이 아닌 넓디넓은 세상의 큰길에서 꼬마 어린이가 아닌 큰 어른들과 사귀고 같이 생활하면서 어른 사회의 대장이 될 지도자는 어떤 사람인지 생각해 보기로 하자.

큰길대장 위대한 어른 사회의 지도자는 지식과 학식이 풍부하다. 그것은 다른 사람보다 학교 교육을 많이 배웠고 학교 교육에서 부족한 분야의 학문에 대하여는 과외공부를 해서라도 지식이나 학식을 쌓는다. 또한, 훌륭한 가정에서 사람으로서 행하여야 할 도덕교육을 충분히 받은 사람으로 부모님 조부모님에게 행할 예의와 형제자매 등에 대한 예의, 학교나 사회 선배에 대한 예의, 스승에 대한 예의, 배우자에 대한 예의, 동료에 대한 예의, 자식들에 대한 예의, 기타 손아랫사람에 대한 예의가 매우 바르다.

큰길대장은 베풂의 아름다움을 가지고 있다. 가난한 자, 몸이 불편한 자, 약한 자, 노약자에게 자기의 힘을 다하여 육체적으로 돕고 봉사하며, 자기의 재력을 다하여 물질적으로 도우며 살아가는 분이다.

그리고 사랑을 베풀며 사는 이가 큰길대장이다. 이때 사랑이란 베풂의 하나라고 볼 수도 있으나 베풂보다는 좀 더 넓은 의미이며 아끼고 위하는 마음이 깔린 베풂이다. 이처럼 인자한 마음으로 성심을 다하는 사랑은 골목대장에게는 아무리 찾으려 해도 찾을 수 없고 큰길대장에게만 있다.

큰길대장은 희망의 상징이라서 항상 그분을 따르고 그분에게서 배우게 되면 이 세상을 살아가는 데 좋은 일만 생기게 되어 절망이란 없고 오직 떠오르는 해처럼 훤한 희망이 있다고 믿는다. 그리고 큰길대장인 위대한 지도자는 강한 지도력을 갖췄다. 이 지도력은 지도자 본인의 솔선수범과

멸사봉공의 정신에서 비롯되므로 지도자 본인이 모범을 보이지 않고 공익보다는 사익에 앞장선다면 그 어찌 많은 사람이 그를 존경하며 따르겠는가? 그리고 자기에게 슬픔이 닥쳤을 때 위로받으려 하지 않으며 남이 어려움이나 슬픔이 닥쳤을 때 위로하려 하는 정신이 강하여 위로받기보다는 남을 위로하므로 즐거워하는 분이다.

골목대장은 좁은 골목에서 어린아이들을 모아놓고 그들을 이끌고 군림하면서 대장 노릇을 하는 자로 그것에 만족하여 더 큰 길로 나오려 하지 않고 조금 더 나가면 큰길이 나타나 그곳에는 자동차도 다니고 차도 이외에 사람이 걸어 다니는 인도도 옆에 있다는 것도 전혀 모르며 골목에서 어린아이들 대장 노릇이나 하는 것이 최선이라고 생각하며 살고 있다.

우리는 골목대장으로 골목에 머무를 것인가 아니면 큰길로 나와 더 넓고 큰 길이 있는 넓디넓은 세상에서 큰 어른들과 살면서 인류를 위한 큰길대장이 될 것인가를 깊이 생각해야 한다.
이 세상에 한 번 왔다 가는 것이라면 좁은 우물 안의 개구리처럼 우물 안에서 보이는 하늘만 볼 것이 아니라 우물 밖으로 나와 더 넓은 하늘도 볼 수 있으면 인생을 더 보람 있게 살아갈 수 있다는 것을 깨달아 어린아이들과 좁은 골목에서 놀지 말고 빨리 뛰쳐나와 넓디넓은 큰길에서 놀면서 리더십 있는 훌륭한 큰길대장이 되도록 노력해야겠다.

3. 교훈이 될 글을 쓰고 싶었다

　내가 살아온 세월을 뒤돌아보면 기쁜 일보다 슬픈 일들이 더 많았던 세월이라는 표현이 맞을 것 같다.
　1939년 일제 강점기 때 태어나 1945년 조국의 광복을 맞았으나, 1950년 동족상잔의 육이오 전쟁이 일어났다. 휴전된 후 폐허가 된 국토 위에서 온 국민은 배고픔을 달래며 전후 복구에 온 힘을 다해야 했던 시절과 4·19와 5·16 등 역사의 격동기를 겪으며, 오늘보다는 내일은 나을 것이라는 꿈을 안고 옆 돌아볼 틈도 없이 앞만 보고 달리면서 가난만은 이겨 내야 한다는 신념으로 크고 작은 꿈을 현실로 만들며 살아왔다. 그러나 글을 쓰는 꿈은 쉽게 이루지 못하고 늘 가슴에 안고 있었다. 그러다 상장법인의 임원으로 취업하면서 늘 살아가는 데 쫓기던 마음에 여유가 생기게 되자, 생활이 바뀌게 되어 망망대해를 자유롭게 나는 갈매기처럼 꿈을 향해 힘차게 날개를 펴고 날아올랐다.

　1975년에 나의 전공 분야 전문 서적을 출간하면서, 이어서 몇 권을 더 펴냈다. 그러나 나의 꿈은 예술적 가치를 추구하는 본격적인 문학인이 되는 것이었다. 그러나 문학의 길이 그리 쉬운 것이 아니어서, 더 배워야 한다는 생각을 늘 하던 중에 문학신문사 이종기 사장님을 알게 되어 수필 쓰기에 대한 많은 것을 알게 되었고, 많은 대화를 나누며, 문학인의 삶을 깊이 있게 깨닫게 되었다. 그러면서 본격적인 문인의 길로 들어서려고 온 마음을 쏟아서 수필집을 거의 매년 한 권씩 출간했다.

나의 수필집들은 살아온 일들을 하나하나 기록하면서, 하고 싶은 말과 주장하고 싶은 것들을 정리하여 엮은 책들로 험난하다는 세상을 살아가야 할 나의 세 아들에게 세상을 살아가는 방법을 일러 주듯 부모의 마음을 담았다.
나는 후배들인 젊은이에게 세상살이가 그렇게 만만하고 쉬운 것이 아니며, 하고 싶다는 생각만으로는 아무것도 얻을 수 없으므로 현실이 아무리 어렵더라도 내일을 향한 꿈을 가지고 노력하면 그 꿈은 반드시 이루어진다는 것을 전하면서, 오늘의 젊은이들이 좀 더 나은 인생을 살아가기를 바라는 마음에서 글을 쓴다.

선배들이 살아온 삶을 배우는 것이 뭐 그리 도움이 될까 하는 마음도 있겠지만, 모두는 제 나름대로 부단히 노력하며 살아온 삶이기 때문에 어떤 삶에서든 배워야 할 것은 있다. 높은 자리에 앉은 권력가든 재력의 상징인 재벌 총수든 길거리의 노숙자든 돌보는 이 하나 없는 가난한 독거노인이든 유흥가 여인이든 저마다 삶의 모양은 다르지만, 각자의 삶이란 그릇에 그 살아온 인생이 차곡차곡 담겨 있다. 우리는 그들의 삶의 그릇에 담긴 인생의 진수를 바르게 볼 수 있는 안목을 키워서 내가 배워야 할 점을 찾아내야 한다. 다른 사람의 인생에서 배울 바를 찾은 그만큼 자신의 인생을 더 멋지고 바르게 살아갈 수 있기 때문이다.

　나는 많은 인생이 걸어가는 길 위에서 후배들이 똑바로 걸어갈 수 있도록 이끄는 안내자가 되고자, 특별나지도 않은 내 삶의 이야기에 내 생각과 하고 싶은 말을 얹어 글로써서 세상에 내어놓았다. 평범함 속에서 찾을 수 있는 조그만 교훈이라도 얻어가기를 바라면서.

4. 이웃을 행복하게 해 주는 글을 쓰고 싶었다

나는 일제 강점기에 태어나 부모님이 어렵게 살아가는 것을 보았고, 해방 후 콜레라 같은 전염병과도 싸우면서 배고픔과 병마의 고통을 이겨 내야 했다. 그런 중에 이 나라가 육이오 전쟁을 겪었고, 휴전 후 우리는 자기 자신은 가난과 병마로 고난 속에 살았지만, 자손들은 살기 좋은 세상에서 살 수 있도록 자기 일터에서 열심히 일하였고, 생활에서는 아끼고 절약하면서, 외화획득을 위하여 서독에 광부나 간호사로 사우디 등의 뜨거운 열사의 땅에서 건설노동자로 수출제일주의의 기치 아래 온 국민이 외화 획득을 위해 일한 결과 오늘날에는 국민 소득이나 정치, 문화, 경제면에서도 안정되어 선진국 대열에 서게 되었다. 이제는 국민 소득 전체가 상향되었고, 분배 문제에도 집중하여 빈부격차를 줄이고 인권이 존중되는 나라가 되었다고 본다.

이러한 세월을 살아온 나의 지난날들은 매우 어려웠다고 생각되나 용기와 고난을 함께한 아름다운 추억이 되었고, 글을 쓰는 여유를 즐길 힘이 되었다.

1970년대에 들어 세무 관리에 대한 관심이 높아져 우리나라에서도 학문적 접근을 시도하려는 움직임이 활발히 일어나고 있었다. 그런 시대에 맞춰 1975년에 『소득세법 사례』(조세사)를 시작으로 석사 논문을 출판한 『판매수익비용과 세무관리』(1993. 한국세정신문사), 『사례 중심 세무회계』 (1993. 한국세정신문사)를 출간하였다. 이 세 권은 세무에 관한 전문 서적이다 이 중 『사례 중심 세무회계』는 내가 1975년부터 20여 년 동안 경영대학원 세무관리학과에서 case study(세무회계 사례 연구)란 과목으로 강의할 때의 강의 교재이기도 하다.

　그리고 수필 형식을 가미한 세무에 관한 전문 서적으로, 세금 문제를 아주 쉽게 접근할 수 있도록 설명한 책인 『배의사 가족의 여행과 세금 이야기』(2011. 푸른 향기)가 있다. 칠순을 맞이하여 자서전으로 쓴 『바람 속에 세월 속에』(2008. 푸른 향기)가 있고, 수필집으로 문단에 등단한 작품 등을 포함한 『부족함이 희망을 부른다』(2012. 푸른 향기), 『내일의 태양은 더 밝고 뜨거우리』(2012. 푸른 향기), 『어제 오늘 그리고 내일』(2013. 문학신문사), 『행복은 만들어지는 것이기에』(2014. 문학신문사), 『내일의 하늘은 더 맑고 푸를 거야』(2015. 문학신문사), 『그대가 있어 내일은 밝을 거야』(2016. 문학신문사), 『내일이 있어 미소 짓다』(2017. 문학신문사), 『갈매기의 꿈』(2018. 문학신문사), 『사랑 이야기』(2020. 문학신문사), 『희망의 속삭임』(2021. 문학신문사), 『희망이여 아름다움이여』(2022. 문학신문사), 『황혼의 샘터』(2024. 문학신문사)를 출간했다.

　수필집을 발표하면서 2013년에 '한글문학상', 2014년에는 '세종문학상'을 수상하였고, 2017년에는 '2017 우수작가상'을 수상하였고, 2024년 12월에는 박종화문학상을 수상하였다.

내가 쓴 수필집들에는 내가 하고 싶은 이야기들과 어릴 적부터 지금까지 살아온 이야기들을 썼다.

어릴 적 일본 북해도에서 살 때 추운 겨울 새벽에 부모님보다 먼저 일어나 난로에 불을 피웠던 일, 잠결에 오줌을 싸서 키를 머리에 쓰고 이웃 아주머니에게 소금 얻으러 갔다가 밥주걱으로 뺨을 맞았던 일, 해방 후 비료가 없어 개똥을 주워 논밭의 거름으로 쓰려고 새벽에 일어나 개똥 줍던 일, 소먹이고 쇠꼴 베던 일, 모내기 때 무논에서 못줄 잡다가 물뱀을 보고 놀라 못줄을 놓아서 아버지에게 혼났던 일, 벼 베기 하던 일, 보리타작하던 일 등이 잊히지 않는다.

그중에도 특별히 내 가슴에 깊이 남아 있는 것이 있다. 동네 뒷산으로 암소를 몰고 가서 풀을 뜯어 먹게 하고는 쇠꼴을 뜯다가 해가 서산으로 넘어갈 무렵 집으로 가려고 소를 찾았을 때 소가 보이지 않아 아버지께 야단맞을 각오를 하고는 쇠꼴 한 짐 지고 집에 왔을 때, 그 암소는 나보다 먼저 집에 와 있었다. 그날 저녁 송아지를 낳았다. 말 못 하는 짐승도 자기 새끼를 낳을 때는 산이나 들에서 낳지 않고 반드시 자기 집으로 와서 새끼 낳을 자리를 가려 낳는 어미 소의 새끼에 대한 찐한 사랑을 보았다. 그 순간 내 가슴을 찡하게 울리는 것이 있었다. 그것은 내가 꾸중 들을 일을 했을 때 성격이 급하신 아버지께서는 매부터 들었고, 나의 매 맞는 모습을 보시고 무척 속상해하시던 어머니의 모습이 떠올려지면서 그것이 나에 대한 어머니의 사랑이었다는 것을 깨달은 것이었다.

가난한 농부의 칠 남매 장남으로 태어나 어렵게 중학교에 입학해서 왕복 오십 리 먼 길을 걸어서 통학했던 일, 고교 시절 고향을 떠나 친지 집에 신세를 지며 어렵게 학교에 다녔던 일, 대학 시절 가정교사 했던 일, 대학 졸업을 앞두고 부산시청에 취직하여 졸업반 이수 과목인 생산관리 학점 이수를 못 해 담당 교수에게 사정사정하여 리포트를 써서 학점을 받던 일, 어렵고 고생이 많았으나 단기 복무의 특혜가 주어졌던 학적보유병으로 최전방 오성산 아래에서 근무했던 일, 군 생활 중에 감찰검열, 지휘검열 등의 준비와 고난의 행군을 굳건히 참고 견디며 수행했던 일 등이 살아가면서 꼭 필요한 인내하는 큰 교훈을 주었고, 나보다 어려운 자에 대한 베풂의 아름다움과 베풂의 기쁨을 깨닫게 하여, 사랑과 자비와 평화의 소중함을 흠뻑 느끼게 하였다. 이런 나의 지난날은 내가 인생을 어떻게 살아가야 하는가를 배우는 수련장이었고, 그 수련장에서 얻은 배움에서 우러난 것들을 나의 글에 담았다.

또한 친구들과 식사를 같이 하며 옛일을 회상하고 건강을 얘기하고 같은 취미 활동을 즐기면서 가치 있는 인생을 논하고 내일을 얘기하며 살아갈 수 있는 것은 하늘의 도움도 크겠지만, 내 가족들과 친구들이 나를 생각하고 염려해 주는 사랑을 나에게 베풀기 때문이다. 이러한 베풂에 보답하기 위해 내 가족, 내 친구, 내 이웃의 인생에 한 점의 행복이라도 만들어 줄 수 있는 글을 쓰려고 온 마음을 다하고 있다.

누가 뭐라고 하든 항상 푸르름을 뽐내며 모진 비바람과 살을 에는 추위에도 꿋꿋이 살아가는 소나무처럼 아픔도 슬픔도 고통도 이겨 낸 후 어려웠던 고난을 포근히 끌어안고, 그것들이 들려주는 말에 귀 기울이며 좀 더 깊고 아름다운 이야기들을 글로 남겨, 그 글이 교훈이 되어 후배들의 인생길을 비추는 작은 등불이라도 되기를 바라며, 나아가서 이 나라 이 사회가 발전하는 좋은 메아리가 되어 물질적 풍요뿐만 아니라 정신적 면에서도 투철한 국가관과 베풂 정신의 함양에 밑거름이 되기를 바란다.

제9부
인성교육이 시급하다

1. 인성이란 무엇인가
2. 인성교육 진흥법
3. 인성교육의 문제점
4. 인성교육 강사의 자세
5. 인성교육 핵심 가치와 교육 방법
6. 철부지로 돌아가고 싶다
7. 주둥아리
8. 회초리

1. 인성이란 무엇인가

　인성이란 사람이 가지는 품성으로 정말 고귀하고 거룩한 인간만의 성품이다. 인성이란 인간만이 가진 독특한 성품으로 인간 문화의 질을 좌우하는 기본 밑바탕이 되는 성질로 인성이 모여지면 그 사회의 분위기와 시대정신과 문화를 만들어가며 이것은 당대의 행불행을 유도하는 커다란 인자가 된다. 인성에 대한 개념 파악은 먼저 인간론에서 시작하여 인간에 대한 종교적 생물학적인 이해에서만이 아니라 심리학 사회학 등과 같은 다양한 학문적 관점에서 인성에 관한 논의와 이러한 것을 배경으로 인간의 본성을 찾아보는 것이 더욱더 바람직하겠다.

　인간은 환경에 능동적으로 대처하고 그에 맞는 수단과 도구들을 활용하면서 더 나은 삶을 추구하였고 그러한 노력이 인간의 문화가 되었다. 다른 어떤 동물에서도 창조성을 찾아볼 수 없으나 인간은 언어와 문자를 통해 의사를 소통함으로써 문제의 극복 능력을 배가시키고 더 안전하고 풍요로운 삶을 영위하는 기술을 축적하고 발전시켜 나가는 존재로 다른 동물과는 크게 다르다.

재미있는 점은 동물은 수태기에만 교미를 하나 인간의 성적 본능은 언제나 열려 있어 임신 여부와는 상관없이 섹스를 할 수 있다. 따라서 인간은 자손 번식을 위해서만 섹스를 하지 않고 성적 쾌락을 추구하기 위하여 나이와 관계없이 체력이 허용하는 한 섹스를 하며 살아가므로 동물과 달리 인간만이 갖는 특이 현상이라 할 수 있다.

인간의 개방성 때문에 인간은 동물들과 큰 차이를 보이게 되며 인간의 사고 능력이나 분석 능력과 같은 이성적 활동이 동물과 크게 다르다. 이런 의미에서 인간은 어떠한 환경이 닥치더라도 동물과는 달리 문제 해결 능력이 창조적이고 역동적이고 아주 탁월하다고 본다. 그러나 인간은 지극히 윤리적 존재이기 때문에 무분별한 행동을 삼가고 조심해서 행동하게 된다. 그래서 인간은 철저히 자기 스스로 반성하고 선택하고 결정하는 훈련이 어릴 때부터 일상화된다.

동물은 먹는 것을 자제하나 인간은 자제하지 않아 위장병에 잘 걸린다. 이러한 습관은 인간에게 도덕적 결단과 윤리적 행동을 유발하여 때로는 동물들이 하지 않는 정신적 기능인 명상 수련 금욕 금식 절제 등을 활성화하는 데에도 크게 작용하고 있다. 어쩌면 인간은 생물학적으로 결핍된 존재이기 때문에 인간은 그러한 자신의 결핍을 해결하기 위하여 자기반성과 자기 자신에 대하여 아는 일 즉, 자신의 신체적 특징, 사회적 존재로서의 남과의 관계, 종교적 세계와의 관계 따위의 모든 외적인 관계를 벗어나 직접적인 성찰에 의하여 순수하게 자신의 내면적 세계에 대하여 아는 자기의식을 갖고 있다.

그러면 인간의 본성은 무엇인가?

동양의 공자 맹자의 유학 사상에서는 도와 덕의 관점에서 인간과 자연 등과의 관계를 이해하고 설명하였다. 마찬가지로 고대 그리스의 철학자들도 자연과 인간의 관계를 우주와 소우주로 이해하고 상호 간에 연합 또는 하모니의 중요성 관점에서 설명하였고, 서양 철학사에서는 자연 중심의 인간관을 갖던 고대에서 신 중심의 인간관인 중세로 그리고 인간 중심의 인간관인 근세로 인간에 대한 관심사는 발전해 왔다.

그리스인들의 이성에 대한 인식은 인간 자아의 주체적 이성으로 이해되기 시작한 것이다. 한편, 동양적인 인간관은 공자와 맹자 등의 유교적 인간관, 석가모니를 중심으로 한 불교적 인간관, 노자를 중심으로 한 도교적 인간관 등으로 구별된다. 유교적 인간관은 수양을 통해 불교적 인간관은 집착 즉 탐욕을 버려 마음을 비우고, 도교적 인간관은 겸손히 살며 무례하지 않을 것을 요구한다.

인성은 교육으로 상당히 충족되며 출세하고 성공하고 부자가 되는 것은 교육의 본질적 목표가 아니며, 이것은 자본주의와 상업화에 물든 병리적 현상이다, 그래서 인성이 교육의 핵심 내용이 된다.

어려서부터 우리 조상들은 사람됨의 교육을 근본으로 삼았으며, 스승의 가르침은 말에만 끝나지 않고 스승이 몸소 실천하는 삶으로 꽃을 피웠고 후학들에게 전승되어 그 열매를 맺어 왔다. 그러한 사례로 삼강오륜과 같은 인성교육이 있었다. 삼강오륜은 중국 전한(前漢) 때의 동중서(董仲舒)라는 학자가 공자 맹자의 가르침에 따라 삼강오상설(三綱五常說)에서 유래했다. 삼강(三綱)의 주된 내용은 임금과 신하(君爲臣綱) 어버이와 자식(父爲子綱) 남편과 아내(夫爲婦綱) 사이에 마땅히 지켜야 할 인간적 관계에서 도리를 의미하며 오륜은 맹자가 언급했던 오상(五常) 또는 오전(五典)에서 인용한 말로 부자유친(父子有親) 군신유의(君臣有義) 부부유별(夫婦有別) 장유유서(長幼有序) 붕우유신(朋友有信)이다.

이러한 삼강오륜의 기본 내용은 현대사회의 모든 문제를 상당 부분 치유하는 데 큰 도움이 되고, 인간다움을 유지하게 하는 좋은 지침이 된다. (대한민국 명강사 개발원 발행 김용진 외 9인 저 『인성교육』 p19~29 참조)

2. 인성교육 진흥법

1) 제정 이유

오늘날 고도의 과학기술과 정보화 시대에 강조되는 정보기술의 발전과 활용의 원천은 인간에게 있고 인간의 건전하고 올바른 인성 여하에 따라 그 의미와 가치가 달라진다는 점에서 더 장기적이고 진정한 경쟁력은 인성에 달려 있다고 하겠다. 이런 점에서 인성교육은 학교를 포함한 사회적 차원에서 종합적, 상호 유기적, 체계적으로 시행되어야 하며 이에 대한 국가와 지역사회 차원의 노력과 지원이 필요하다. 따라서 인성교육을 활성화할 수 있는 국가 사회적 기반을 구축하고 인성교육의 틀을 가정, 학교, 사회가 협력하는 구조로 개편하여 효과적인 인성교육을 수행할 수 있도록 하기 위해 이 법을 제정함으로써 장기적 비전과 일관성 있는 인성교육 정책을 추진하는 한편 인성 중심의 미래 사회 핵심 역량을 강화하려는 것이다.

2) 주요 내용

(1) 입법 목적: 우리 사회에 맞는 건전하고 올바른 인성을 갖춘 시민을 육성한다.

(2) 인성교육의 정의: 인간의 내면을 바르고 건전하게 가꾸어 주어 자연과 더불어 사는 데 필요한 인간다운 성품과 역량을 기르는 교육

(3) 인성의 핵심 가치: 예(禮), 효(孝), 정직, 책임, 존중, 배려, 소통, 협동 등으로 한다.

(4) 인성교육 계획 수립: 교육부 장관은 5년마다 수립하고 시도 교육감은 연도별 시행계획을 수립하고 시행함

(5) 전문 기관 신설: 국가 인성교육진흥위원회를 신설하여 교육부 문화체육관광부 보건복지부 여성가족부 차관 및 민간 전문가 등 20명 이내 위원으로 구성

(6) 유치원, 초·중·고: 해당 학교장은 매년 인성교육 과정을 편성하고 반드시 운영하여야 한다.

(7) 가정: 학부모는 학교 등에 인성교육에 관한 건의를 할 수 있다.

(8) 인성교육 인증제: 학교 밖에서의 인성교육을 위한 프로그램에 대하여 교육과정 인증제 실시

(9) 교원 연수 강화: 일정 시간 이상 교원들의 인성교육 연수를 의무화한다. 그리고 사범대와 교대, 예비 교사의 인성교육 역량을 강화하기 위한 관련 과목을 개설한다.

3) 인성교육에서 가르쳐야 할 내용

　건전하고 올바른 인성을 가진 시민을 육성하기 위하여 진행되는 것이 인성교육이다. 따라서 인성교육은 인간의 내면을 바르고 건전하게 가꾸며 타인과 공동체 그리고 자연과 더불어 평화롭고 조화롭게 더불어 잘 살아가는 데 필요한 인간다운 성품과 역량을 구체적이고 실제적으로 가르치는 교육이 되어야 한다. 이러한 입장에서 인성의 핵심 가치들을 교육하여야 한다. 그 구체적인 내용들은 예, 효, 정직, 책임, 존중, 배려, 소통, 협동 등과 관련된 항목들이다. 기본이 잘된 가풍을 이어받은 가정에서는 부모들에 의해 전통적 가정교육의 핵심으로 거의 다 다루었으며 밥상머리 교육으로 늘 가르쳐 왔던 눈에 익은 항목들이다. 그러나 상업화와 물질만능주의라는 대세를 교육이 이겨 내지 못한 것이 현실이다. 따라서 우리 사회는 엉망진창이 되었고, 인간 생명 존중이라는 근본이 무너져 버리고 말았다. 그러나 이제라도 인성교육을 강화해야 한다는 얘기가 대두된 것이다.
　　(대한민국 명강사 개발원 발행 김용진 외 9명 저 『인성교육』 p38)

　그렇다면 우리는 예, 효, 정직, 책임, 존중, 배려, 소통, 협동 등과 관련된 항목들을 인성교육의 핵심으로 삼아 가르치면 되는가? 여기에 적극적으로 동의할 수 없다. 인성교육을 하는 사람들은 생명 존중 교육을 우선시해야 한다. (대한민국 명강사 개발원 발간 김용진 외 9명 저. 『인성교육』 p37~p39)

3. 인성교육의 문제점

 인성교육의 핵심 내용은 인성교육진흥법에 있는 8가지로는 턱없이 부족하다. 그래서 학생이든 강사이든 간에 인성교육 관련자들에게 가장 중요한 것은 생명 존중의 교육이 근본 내용으로 선행되어야 한다는 것이고, 생명 존중의 교육은 구체적으로 행복 교육을 통해 탄력을 받는다는 것이다. 현장 교육에서 인성교육의 문제점은 다음과 같다. 인성교육은 참 좋은 교육이며, 정말로 필요한 교육이다. 그러나 그 인성교육에 다음과 같은 문제점들이 있다.

 첫째, 교육자와 피교육자 사이에 이루어지는 참여도의 문제이다. 우리 사회에서 인성교육에 대한 관심은 높지만, 현재 상태로는 실제 현장에서의 진정한 참여도는 높지 않은 것으로 생각한다. 인성교육은 강제적으로 시행함은 비능률을 초래하므로 자발적이고 적극적으로 참여하도록 그 방식을 바꾸지 않으면 안 된다. 인성교육을 과거 20세기 교육자들의 주된 교육 방식처럼 훈계식 주입식 교육 방식들로 설계한다면 학생들의 참여도는 떨어지고 수동적이 되며 오히려 그들에게 얼차려같이 고통스러운 기합 받는 시간이 될 것임을 명심해야 한다. 프로그램 선정과 강의 전개 방식, 강의 진행자 등에 대하여 많은 고민을 해야 한다. 그리고 인성교육 강사는 무엇보다도 온화하고 부드러운 품성과 훌륭한 인격을 갖춘 사람이어야 한다. 그리고 인성교육과 관련된 논리적 내용을 잘 갖추고 그 내용을 재미있고 흥미롭게 잘 전달하는 강의 기법과 프로그램 진행 능력을 갖춘 전문가를 반드시 선발해야만 한다.

둘째 학부모를 비롯한 기성세대의 가치관 문제이다. 인성교육진흥법이 갑자기 등장해서 우리 사회가 인성교육을 적극적으로 시행할 상황이 잘 되어 있지 않다. 그 가운데 가장 큰 문제는 학부모에 해당하는 기성세대 상당수가 입시 위주의 교육에 대한 그릇된 바람기를 쉽게 터트리고 갖다 버리지 못한다는 점이다. 학부모로서 인성교육을 학교에서 전면 시행하는 일에 찬성은 하지만, 정작 자신의 자녀가 인성교육 프로그램에 참여함으로써 시간을 빼앗기고 체력이 고갈되어 내신 성적이 떨어진다면 당장 그것을 환영할 부모가 그리 많지 않을 것이다.

셋째 성적평가제도가 갖고 있는 구조적 문제이다. 인성교육이 의무화됨으로써 교사나 학생 모두가 더 행복해져야 하나 지금의 성적평가제도를 그대로 두고서는 행복한 결과를 얻기 어렵다. 교실에서는 인성교육이 진행되겠지만, 오직 석차 백분율을 기준으로 성적을 평가하는 상대평가로 성적을 관리하는 현재의 성적 평가 시스템으로는 인성교육의 본래 목표를 성취하기가 어렵다.

넷째 인성교육 프로그램 인증 내용의 문제이다. 그 내용은 인성교육 과정을 개설하거나 운영하려는 인성교육 프로그램 개발자들은 교육부 장관에게 인성교육 과정을 교육 내용, 교육 시간, 교육 과목, 교육 시설 등 교육부령의 인증 기준에 맞게 등록하여야 한다고 되어 있다. 인성교육을 이미 소수 몇 사람의 아이디어에 의해 기획된 어떤 틀에 맞추어야 한다면 열린 교육이 아닌 닫힌 교육이 될 가능성이 크다. 인성교육은 대중성을 갖춘 내용이어야 한다. 즉 대중적 지지도가 있는 프로그램이어야 더욱 효과적이라는 의미이며 더 나아가 시대적 흐름을 선도하고 선한 영향력을 강력하게 행사할 수 있도록 진행되어야 한다.

다섯째 인성교육 강사의 수급과 관리의 문제이다. 현재 인성교육을 준비하는 단체들이나 강사들은 인성교육 내용과 방법에 관하여 의견이 제각각이고 준비 또한 주먹구구식이다. 초창기다 보니 자치단체나 실무자들도 고충이 많고 혼란스러운 상황이다. 이런 문제는 시간이 지나면 상당 부분 안정될 것이다.

그리고 인성교육 강사는 전문성을 갖추고 효과적인 강의 능력과 프로그램 진행 능력을 갖추어야 한다. 이를 위해서 국가는 인성교육의 교육 경륜을 쌓은 현장 전문가들을 다양하게 발굴하여 인성교육 강사들을 집중적으로 훈련하는 교수로 위촉하고 제도적 뒷받침도 되어야 한다. (대한민국 명강사 개발원 발간 김용건 외 9명 저 『인성교육』 p41~p44)

4. 인성교육 강사의 자세

　인성교육 강사의 길은 참으로 고귀하고 가치가 크다. 사람을 사람답게 가르치는 일보다 귀하고 값진 일이 이 세상 그 어디에 있겠는가? 가르치는 일의 목표가 사람답게 살아서 서로 행복하자는 것이기 때문에 잘만 하면 인성교육 강사는 우리 시대에 매우 존경받는 직업군에 속할 것이다.

　첫째 자기 말에 성실한 사람이 되어야 한다. 강사는 가르치는 사람이다. 일류 강사는 존경받을 삶을 몸소 보여 주며 행복한 삶으로 멘토링하는 스승이다. 모든 강사는 일류 강사가 되고 싶어 한다. 일류 강사는 무엇보다 성실해야 한다.

　둘째 자기 삶에 충실한 사람이어야 한다. 인성교육 강사는 삶의 윤리학적 가르침을 주는 스승이다. 따라서 도덕적으로 더 모범이 되어야 한다.

　셋째 바른 지식에 열정을 가져야 한다. 인성교육 강사는 도덕 선생과 차이가 있다. 시시각각 변화하는 지식의 흐름을 파악하면서 바른 지식을 건져 내고 그것을 소화하여 잘 전달하는 능력이 있어야 한다. 그러기 위해서 성현들의 가르침에만 주력할 것이 아니라 이 시대를 움직이고 미래 사회를 만들게 될 신지식에 대한 소양도 부지런히 충전시켜 나가야 한다.

  넷째 효과적인 전달 방법을 연구해야 한다. 인성교육은 고도의 전달 기술이 필요하다. 왜냐하면, 단순한 지식이 아니라 인간으로 다듬어 나가는 작업이기 때문이다. 인성교육은 교육기법을 잘 계발하여 수강자들이 알아듣기 쉽고 흥미를 느끼고 삶에 실제적인 적용이 가능하도록 교육하여야 한다.

  다섯째 인성교육의 진행 과정에 대한 평가가 필요하다. 인성교육은 전체적인 맥락에서만 아니라 단계별 평가가 후속 조치로 뒤따라야 한다. 교육 과정과 교육 내용에 대한 평가가 혹시 낮게 나왔다고 해도 자신이 정직하게 최선을 다했다면 너무 걱정할 필요는 없다. 인성교육은 말로 하는 것이 아니라 삶으로 그리고 무언의 느낌으로 던져 주는 것이 훨씬 더 많고 훨씬 더 강력하게 지속하기 때문에 진검승부는 오랜 시간이 지나야 결과가 드러나기 때문이다. (대한민국 명강사 개발원 발간 김용건 외 9명 저 『인성교육』 p44~p47)

5. 인성교육 핵심 가치와 교육 방법

1) 행복

인간에게 가장 중요한 것은 무엇일까? 그것은 세계 철학 사상과 모든 종교가 지향하는 최고선이 행복이라는 것이다. 따라서 인성교육에서 행복의 가치를 최고로 삼지 않으면 헛수고가 되고 만다. 그러므로 인성교육진흥법에서 제안한 인성교육의 핵심 가치를 성취하기 위해 가장 중요한 것은 무엇일까? 그것은 자기 삶의 목적과 목표를 바르고 자신감 있게 세우지 못하고 여전히 고민하는 수많은 학생에게 참된 행복의 가치를 심어 주는 일이다. 즉 행복 교육이 인간에게 가장 중요한 교육의 행복 가치가 된다는 것이다. 인성교육을 하기 위해서는 행복에 대한 긍정 심리학적이고 철학적 식견과 행복 상담사로서의 전인적 이해를 할 수 있는 전문 행복 강사가 되어야 한다.

2) 생명 존중

인성교육의 두 번째 가치는 생명 존중이다. 죽은 사람에게 베푸는 예의와 살아 있는 사람에게 베푸는 예의 간에는 많은 차이가 있다. 살아 있는 사람은 생명을 가진 존재이기 때문이다. 인성교육의 첫 번째 단추는 행복감을 찾아 주고 길러 주는 것이라고 한다면 그다음 단추는 생명에 대한 존중의식을 철저하게 깨닫도록 도와주는 것이어야 한다. 생명이란 무엇이고 그 생명에 대하여 우리는 어떤 자세를 가져야 하는가? 등에 대하여 바르게 인식하도록 일깨우는 과정이 필요하다. 따라서 인성교육 진행 강사는 생명 존중에 대한 지식과 그 방법론을 익숙하게 활용할 능력을 갖춰야 한다.

3) 예(禮)

인성교육에서 행복과 생명의 가치를 교육하게 되면 자연스럽게 인간다움을 지킬 수 있는 예의범절에 관한 관심이 높아지게 된다. 본래 우리 조상들은 예의 교육을 가정교육의 근본으로 삼아 가르쳤다. 이러한 예절은 주변 사람들과 더불어 더 잘 살아갈 힘이 되었다. 그래서 동방예의지국이라고 불릴 만큼 아름다운 예의를 지키며 주변국에 피해를 주지 않고 평화를 존중하며 살았다. 예의는 결국 평화를 만든다. 예의라는 것이 인간관계를 부드럽게 하고 효과적으로 소통하게 하는 좋은 수단임을 바르게 인식시켜 주어야 한다. 인성교육에서 예의범절과 관련하여 우리가 쉽게 설명할 수 있는 모범적인 대안은 삼강오륜이라고 생각한다.

4) 효(孝)

 인성교육의 네 번째 가치는 효 교육이다. 효는 동물들에게는 발견되지 않는 인간만의 독특한 성품이다. 효는 인간 사회의 질서를 지켜 주며 인간 사회를 건강하게 연속시켜 주는 연결고리가 된다. 특히 현대사회에서 효심을 찾아보기는 힘든 상황임을 직시한다면 효 교육은 인성교육에서 아주 중요한 핵심 과제가 되기도 한다. 실제로 우리 사회에 급속도로 약화하고 있는 것이 효사상이다. 대가족제도에서 핵가족화가 됨으로써 어른에 대한 공경심이 사라지고 있다.

5) 정직

 바른 인성교육을 위하여 정직하게 생각하고 정직하게 선택하고 정직하게 행동하는 정신을 길러 주어야 한다. 정직하게 살아가는 사람들 때문에 우리가 얻는 혜택이 얼마나 큰가를 따져 보거나 자신이 정직한 삶을 살아가야 할 부분이 무엇인가를 생각하게 하는 것도 좋은 방법이다.

6) 책임

 인성교육에서 빠뜨리지 못할 것이 책임 의식이다. 일부 동물들도 자신의 종족 보존을 위해 자신의 책임을 잘 감당한다. 책임 의식은 인성을 평가하는 좋은 척도가 된다. 우리 사회가 건강해지려면 책임감이 강한 사람들이 얼마나 되느냐에 달려 있다. 따라서 책임 의식을 갖도록 잘 지도해야 한다.

7) 존중과 배려

존중은 힘의 원리로 지탱하는 동물들의 세계에서는 찾기 어려운 덕목이다. 그러나 바른 인성을 가진 사람들에게서는 일부러 계약을 맺을 필요가 없는 당연한 약속이고 서로를 편안하고 안락하게 하는 대인관계의 원칙이다. 인간은 누구라도 존중받아야 한다. 어린이도 청소년도 존중받아야 하며 특히 노약자나 환자 또는 장애인 심지어 외국인이나 새터민 등과 같이 특수계층에 있는 사람들도 존중받아야 한다.

배려는 결국 나 자신을 위한 것이다. 우리가 살아가는 이 세상은 누군가의 헌신과 배려 덕분이라는 것을 깨닫게 해 준다면 배려에 대한 바른 교육이 될 것이다. 내가 이만큼 성장한 것은 부모와 가족, 스승 등 많은 분들의 배려 덕분이다.

8) 소통

인간은 다른 동물들과 달리 유일하게도 말과 글 등 다양한 방법으로 의사소통을 시도하는 매우 과학적이고 지성적 생명체이다. 반면에 다른 동물들은 매우 단순한 몸짓만으로도 자기 종족끼리 의사소통을 거의 완벽하게 한다. 그러나 인간은 오랜 기간을 거쳐 수백 가지 언어들과 무수하게 많은 소통 방법이 탄생하였고, 앞으로도 탄생할 것이다.

9) 협동

어떤 생명체든 협동하지 않으면 결국 멸종하게 된다. 인성교육을 통해 협동의 구체적인 의미가 무엇이고 어떻게 해야 하는가를 잘 설명해 주어야 한다. 우리 조상들이 보여 주었던 계, 향약, 두레, 상조 등과 같은 협동 정신을 소개해 주고 오늘날 우리는 어떻게 그런 협동 정신을 이어받아 활용할 수 있을까에 대한 논의도 필요하다. 특히 미래 사회는 혼자 잘 사는 사람이 아니라 함께하고 협력하는 능력이 탁월한 사람이 잘 사는 사회란 것을 깨닫게 해 주는 것도 좋은 방법이다. 따라서 인성의 항목으로 협동을 잘 가르칠 필요가 있다. (대한민국 명강사 개발원 발간 김용건 외 9명 저 『인성교육』 p48~p54)

6. 철부지로 돌아가고 싶다

　철부지란 철이 없는 아이 즉 사리를 가릴 줄 아는 힘이 없는 어리석은 사람이란 뜻이다. 그래서 철부지의 언행은 흘려버리면서 아예 안 들은 척 용서하기도 하지만, 믿음이 가지 않아 인정받기 힘들다.
　우리는 어른이 되기까지 많은 시험을 치르게 된다. 변호사, 의사, 공인회계사 세무사와 같은 많은 자격시험이 있고, 학교에 입학하기 위한 입학시험, 학교 졸업 때는 졸업시험, 공무원이 되기 위한 임용고시 등도 있다.
　사람이 살아가면서 치르게 되는 시험 결과가 너무나 좋지 않을 때나 여러 번 시험을 치렀으나 그때마다 성적이 좋지 않아 무척 고민할 때는 차라리 철부지로 돌아가고 싶은 생각이 날 때도 있다. 철부지 어린 시절로 돌아간다면 시험에 대한 기대나 치욕이나 비난도 없게 되고, 성적이 좋지 않은 것도 모두가 용서된다.
　어떤 이는 가난한 집안의 맏아들로 태어나 돈도 많이 벌지도 못하고 출세도 못 하고 영리하지도 않고 뚜렷한 지혜도 없어 부모님에게서는 도저히 희망이 보이지 않는 그런 자식으로 낙인이 찍혀 항상 동생들과 비교되어 천덕꾸러기

대접만 받고 있을 때 그 장남은 아무 지각도 철도 없는 철부지로 돌아가고 싶은 생각이 들게 마련이다.

부모는 맏아들에 대한 기대가 매우 크다. 맏아들은 아버지를 대신하여 그 집안을 부흥시킬 의무가 주어진다. 그래서 맏아들은 논밭을 팔아서라도 공부를 많이 시키며 능력이 있다면 자취를 시키지 않고 돈이 많이 드는 하숙을 시키면서 특별한 배려를 한다. 맏아들에게 공부를 많이 시키는 이유는 집안의 명예와 부를 이룩하라는 아버지의 무언 요구가 있기 때문인데 그래서 맏아들은 많은 스트레스에 시달리게 된다.

첫째 공부를 열심히 하여 변호사, 의사, 공인회계사, 세무사 등 각종 자격시험에 합격하거나 공무원 등용문인 행정고시 외무고시에 합격하여 사회적으로 존경받는 직업을 가져서 집안의 명예를 높여야 하는 의무를 지게 된다.

둘째는 가난에 시달리는 아버지를 대신하여 돈을 많이 벌어들여 동생들을 공부시키고 부모님 생활을 윤택하게 해야 하는 의무를 지는 것이다. 이러한 무거운 짐을 맏아들에게 지우고자 아버지는 무리하게 전답을 팔아서라도 공부를 시킨다. 그러나 맏아들이 집안의 명예를 세우고 곧 부자가 될 것이라는 아버지의 기대에 미치지 못할 때 맏아들은 너무나 무거운 짐을 진 채 심한 스트레스에 시달리게 된다. 이럴 때 맏아들은 공부도 잘되지 않고 특별히 돈을 많이 벌어들일 수도 없고 하여 고민을 거듭하다가 생각하는 것이 나는 차라리 철부지가 되고 싶다는 꿈을 꾸면서 그 꿈에서 좀처럼 깨어나려고 하지 않는다.

오늘을 살아가는 아들딸들은 좋은 인성이 결여된 경우가 많다. 현재 아들딸들의 교육에서 특히 인성교육이 부족하다는 소리는 어제오늘의 얘기가 아니며 이 인성교육의 부족에서 여러 가지 사치로 인한 비리와 가정불화, 각종 범죄 등 여러 가지 부작용이 매일매일 일어나고 있다.

인성교육의 핵심 덕목으로 예, 효, 정직, 책임, 존중, 배려, 소통과 협동 등이 있겠으나 이때 예는 개인과 모든 사회단위가 행동 규칙과 관습에 의해 요구되고, 집단의 압력에 의해 강제되는 행동규범이 있어 이를 지켜 질서를 유지하는 것과 마찬가지로 다른 사람을 안전하고 더 편안하도록 배려하는 행위를 말한다. 따라서 부모에게는 봉양뿐만 아니라 존경심을 강조하고 있고 부모에게는 걱정을 끼쳐서는 아니 되며 부모는 살아계실 때는 물론 돌아가셨어도 장례와 제사도 예를 다해 모시게 된다.

인생을 사는 데 있어 정직하여 거짓이나 꾸밈이 없이 성품이 바르고 곧아야 하며, 자기가 행한 행위의 책임은 자기가 진다는 신념을 지녀야 하며, 인간관계에서는 자신과 타인에 대한 존중이며, 또한 소통으로서 상대방 의도를 조금의 오차도 없이 100% 받아들일 수 있는 나의 넓은 도량이며, 상대방의 눈높이에 맞추어 나의 의중을 100% 전달함의 문제이며, 서로 마음과 힘을 합해야 한다는 협동이다. 이러한 인성교육의 부족으로 생기는 스트레스를 엄청나게 받을 때도 철부지로 돌아가 모든 것을 잊고 살고 싶어진다.

또 남녀가 만나서 사귀다가 어느 한쪽이 배신하여 만남 자체도 거부하면서 그 이유도 설명하지 않은 경우 그 상대는 무척이나 고민에 빠지게 된다. 이럴 때 스트레스를 받는 쪽은 모든 일이 손에 잡히지도 않고 정신적으로 멍하게 되어 고민에 고민을 거듭하다가 드디어 철부지가 되어 아무것도 생각지도 않고 그저 하늘을 향해 웃고만 싶어진다.

그러나 철부지로 돌아가고 싶다가 멈추었을 때는 이미 인생이 퇴보되어 있음을 알아야 한다. 그러므로 철부지로 돌아가고 싶다는 마음은 현명한 결단으로 되돌리고 괴로워도 거기서 전진해야 한다. 그래야 인생의 행진이 중단 없이 진행될 것이다.

철부지는 철이 없어 비록 모든 면에서 모자라기는 하나 먹을 것만 주면, 하늘을 쳐다보고도 방긋방긋 웃고 사람을 쳐다보고도 방긋방긋 웃으며 고민이나 걱정이 없다. 오직 그 순간은 행복하다. 그래서 인생의 긴 여정에서 철부지로 돌아가고 싶은 심정은 이해가 가지만, 그 철부지의 행복을 오래 누리게 되면 그만큼 긴 인생의 행진은 거기서 중단되어 행복을 누리려는 인생 목표 달성은 늦어질 수밖에 없다. 따라서 철부지로 돌아가 하늘도 쳐다보고 사람도 쳐다보고 방긋방긋 웃는 행복은 짧을수록 좋다고 하겠다.

7. 주둥아리

　주둥아리란 입의 속된 말이기도 하고 부리의 속된 말이기도 하다. 주둥아리의 준말로는 주둥이가 있겠으며 조동아리 주둥이와 같은 표현도 있다. 이때 부리란 새나 짐승의 주둥이를 말할 때 쓰며 입은 사람의 경우에 쓰이는 말이다.
　주둥아리는 각종 음식의 맛을 보며 먹는 일과 말을 하는 기관이다. 음식 맛을 보며 먹는다 함은 온갖 음식을 여러 가지 맛을 보아가며 먹는다고 할 수 있다. 온갖 음식이란 사람이나 짐승이나 새들이 먹을 수 있는 여러 가지 음식을 모두 뜻하고 있어 씹는 음식, 마시는 음식을 가리지 않으며 사람이나 짐승들이 먹는 쌀, 보리, 팥, 수수, 콩과 같은 식물성 음식도 포함되고 소고기, 돼지고기, 양고기와 같은 네발짐승의 고기나 꿩이나 닭, 오리와 같은 날짐승의 고기, 바다에서 사는 생선과 고래, 등도 포함된다. 또 닭, 오리, 꿩과 같은 날짐승의 부리로 먹은 온갖 곡식과 솔개 독수리와 같은 수릿과의 새들이 먹은 작은 동물들도 음식이라 할 수 있다. 사람을 위시한 모든 동물은 주둥아리로 이러한 음식을 먹거나 마심으로써 활동하는 데 필요한 에너지와 영양을 공급하여 생명을 유지하게 한다. 만약 주둥아리가 없다고 가정했을 때 음식물과 물의 공급이 이루어지지 않아 며칠도 못살고 이 지구에서 사라지게 될 것이다.

주둥아리가 하는 일 중 말을 한다 함은 인간의 경우는 세계 어느 나라 말이든 배워서 할 수 있는 말은 모두 입으로 할 수 있으며 소, 말, 돼지, 노루, 사자, 호랑이 등의 짐승의 경우 새끼나 어미를 잃어버렸을 때 자기의 울음으로 자기 식구들에게 표현한다. 새들도 주둥아리로 소리를 내어 여러 가지 표현을 하며, 온갖 짐승들도 자기의 주둥아리로 자기의 울음으로 자기 위치나 현재 상황을 알리기도 한다. 이처럼 사람이나 짐승들이나 새들도 주둥아리로 말을 하여 자기 의사를 전달하면서 살아가고 있다. 젖먹이 짐승들의 경우 새끼를 잃어버렸을 때 어미가 계속 큰 목소리로 울면서 새끼를 찾는 것을 볼 수가 있고 다른 짐승들의 경우도 마찬가지이다. 새의 경우 자기들에게 위험하다고 생각되는 사람이 나타나거나 뱀이 나타나거나 그 밖에 짐승들이 나타날 때는 무진장 바쁘게 지저귀면서 몸도 이쪽으로 날았다가 금방 저쪽으로 날아다니며 바쁘게 우는 소리가 숨 바쁘게 들려오곤 한다.

입의 속된 말을 주둥아리라고 하는데 우리 인간에게 입이라고 하지 않고 주둥아리란 속어는 쓰지 않는다. 그러면 어른들이 아이들에게 주둥아리란 속어를 많이 쓰고 있는 것일까? 최소한 사람에게는 아이들이라 하더라도 짐승에게만 쓰고 있는 속어인 주둥아리란 말은 쓰지 않는 것이 좋을 것 같다.

어떤 가정에서 어머니가 손님 드리려고 정성스럽게 장만한 음식을 네다섯 살짜리 아들 녀석이 어머니 허락도 없이 달랑 집어 먹어서 그 아들에게 다급하게 주의를 시킬 때 급한 마음에 그 어머니가 어린 아들에게 저 녀석 주둥아리 때문에 사고를 쳤다느니 저 주둥아리 때문에 큰일이라고 소리치는 경우는 간혹 보았다. 그러나 예의와 교양을 갖춘 집안에서는 꼬마 아들이 그런 사고를 쳤다 하더라도 자기 아들에게 주둥아리란 말은 사용하지 않는다. 그 아이에게 주의를 시켜도 알아듣지 못하는 나이라 큰아이나 어른을 시켜 아이를 다른 곳으로 옮겨서 놀게 한다든지 아니면 아이를 잠깐 업어서 재운다든지 하여 일을 수습하는 것이 대부분 예의범절이 바른 어머니의 자세이기도 하다. 그러한 특수한 경우를 제외하고는 사람에게 입의 속어인 주둥아리란 말은 잘 쓰이지 않고 개나 고양이 같은 짐승이나 날짐승 등에는 주로 주둥아리란 속어가 많이 쓰이기도 한다. 예를 들면 고양이가 구운 생선을 물고 갔다든지 강아지가 굽지도 않은 생선을 훔쳐 갔다든지 솔개가 집에 키우는 닭을 채 갔다든지 할 때는 고양이 주둥아리로 구운 생선을 물고 갔다. 또는 강아지 주둥아리로 생선을 훔쳐 달아났다든지 라고 표현하거나 솔개가 자기 주둥아리로 닭을 물고는 양발로 채어 달아났다고 표현하게 될 것이다.

그래서 우리는 속된 말인 속어는 가려서 써야 한다. 위에서 볼 수 있듯이 교양 있는 가정에서 속어 사용에 매우 조심하는 것을 배워야 할 것이며, 우리 인간에게 음식을 먹고 말을 할 수 있게 만들어 주신 하느님을 생각해서라도 주둥아리와 같은 속된 말은 영원히 추방하자.

8. 회초리

회초리란 어린아이를 훈계하려고 때리거나 마소를 부릴 때 쓰는 가는 나뭇가지로 채, 채찍, 매라고도 한다.

중학교 시절 매를 많이 맞은 기억이 난다. 1학년 A 반이었고 그날은 청소 당번이었다. 청소를 다 마친 후 선생님에게 검사를 받으려 하는데 이북 출신 실과 선생님인 아마 그리고 서리 선생님께서 청소하는 애들이 바로 옆 풍개나무의 풍개를 많이 따 먹었다는 것이었다. 우리는 억울하였다. 우리는 그날 교실 청소 당번으로 청소만 하였고, 우리 교실에서 약 70m 떨어져 있는 풍개나무에 가서 풍개를 따 먹은 적은 없었으므로 우리는 풍개와 아무런 관계가 없다고 하여도 농업실과 선생님은 믿으려 하지 않고 내일 보자고 하고는 그 자리를 떠나갔다. 그 말을 들은 우리 청소 당번들은 내일 매 맞을 때 조금이라도 덜 아프게 하려고 군사 훈련 때 차는 각반을 다리에 두르고 오기로 했다. 그다음 날 오전 실과 선생님인 아마 그리고 선생님께서 오셔서 어제 청소 당번은 밖으로 나오라는 것이었다. 우리는 모두 교실 옆 공터에 모여 엎드려뻗쳐 자세를 하고 있었다. 그때 선생님께서 엉덩이를 사정없이 내려쳤다. 몇 대를 맞았는지 기억은 나지 않으나 엉덩이가 피멍이 들 정도로 맞았다. 그러고는 일어서서 교실로 향하는데 엉덩이와 다리가 매우 뻐근하였다. 각반을 찬 곳은 때리지 않아 각반의 효과는 없었다.

고등학교 시절에는 우리 하급생들을 운동장에 집합시켜 놓고는 상급생들이 단체 기합을 주었다. 주로 엎드려뻗쳐 자세로 있어야 했으므로 그 기합도 시간이 가면 갈수록 매우 고단하고 고통스러운 기합이었다.

매에 대하여 다음과 같은 속담이 있다.
첫째 매 끝에 정든다: 사랑의 매는 때리는 사람이나 맞는 사람 사이를 더 가깝게 한다.
둘째 매도 먼저 맞는 놈이 낫다: 어차피 당해야 할 일이라면 미리 치르는 편이 낫다.
셋째 매로 키운 자식이 효성이 있다: 잘되라고 매도 때리고 꾸짖어 키우면 그 자식도 커서 그 공을 알아차려 효도하게 된다.
넷째 매에는 장사 없다: 매로 때리는 데에는 끝까지 버티어 낼 수가 없는 법이다.

우리 어른들은 가능한 한 아이들을 회초리로 때리는 것은 삼가야 하나 부득이 회초리로 때려야 할 경우에 유의 사항이 있으니 그것은 다음과 같다.
첫째 감정이 개입되어서는 아니 된다.
둘째 특수한 경우 외에는 초등학교 다닐 때와 그 이전까지만 회초리를 들어야 하며 그 이후에는 들어서는 안 된다.
셋째 가능한 한 매질하기 전 말로서 타이르고 이해를 시키는 노력이 필요하다.

　넷째 아이들을 타이를 때 인격을 존중하면서 그들의 편에서 이해하려고 노력해야 한다.

　다섯째 어른은 아이들에게 모범을 보이고 솔선수범하여야 한다.

　여섯째 아버지는 베푸는 사랑을 솔선하여 자식에게 보이도록 한다.

　일곱째 아버지가 할아버지 할머니에게 효도를 다하고 예의를 지킴으로써 손자는 그 효와 예의를 본받도록 한다.

　여덟째 아버지의 효성을 본받아 아들이 효자가 되는 것을 보면, 매로 키운 자식이 효성이 있다는 속담은 반드시 그런 것은 아니라는 것을 입증하기도 한다.

　어린이에게 회초리는 때에 따라서는 어린아이의 나쁜 습관을 고치는 데 빠른 효과를 거두기도 한다. 말로써 나쁜 습관을 고치는 데에는 나쁜 습관이 좋지 못함을 이해시켜야 하고 그 나쁜 습관이 다른 사람에게 미치는 나쁜 영향을 설명해야 하므로 그 아이의 나쁜 습관을 고치는 데 많은 시간이 소요되는 단점이 있지만, 회초리를 사용하면서 나쁜 습관을 고치는 데에는 그 시간이 매우 단축되는 장점이 있다. 그러나 어린아이에게 회초리를 들고 때린다는 그 자체가 어린아이의 육체에 고통을 가하여 나쁜 습관을 고치는 것이므로 아주 옛날 자식이나 제자의 지도 방법으로 결국 권장할 만한 것은 아니다. 따라서 우리는 어린이에게 가능한 한 회초리나 매를 들지 않고 말로서 나쁜 습관이 좋지 못함을 이해시켜 고쳐 나가도록 해야 한다.

제10부
우리가 살아가자면

1. 신의를 지키고 정직하자 13
2. 의무를 다 하자
3. 봉사와 자선을 행하자
4. 부지런하자
5. 공익을 먼저 생각하자
6. 후회 없는 인간관계를 가지자
7. 내 속의 미움을 접자
8. 어른다운 어른이 되자

1. 신의를 지키고 정직하자

　우리 인간은 어떻게 살아야 하는가? 다시 말해서 삶의 영위에 있어 거짓이 없고 올바르며 믿음이 있는 삶을 살아야 하며 만약 그와 반대로 부정직하며 신의를 지키지 않고 살았다면 그 사람은 매우 슬프고 불행한 삶을 살았다고 하겠다.

　이 세상을 혼자서는 살아갈 수 없으므로 부모 형제 친구 사회의 어느 누구와 서로 부대끼면서 살아가게 된다. 이렇게 어울려 사는 사회에서는 무엇보다 서로 간에 오가는 믿음과 의리가 기본적으로 유지되어야 한다. 그러자면 무엇보다 정직하고 올바른 정신으로 살아가야 한다.
　부모님의 말씀을 올바로 이행하지 아니하고 거짓말만 하여 그 당시를 모면한다든지 친구와의 사이에도 올바른 언행으로 대하지 않고 무슨 일이든 달콤한 말과 거짓된 행동으로 그 순간만을 넘기려고 한다면, 참되고 올바른 관계를 유지할 수 없다. 다른 사람들과의 관계에서도 너무 부풀려서 자기를 소개하고 거짓된 말과 행동으로 대하면 언젠가는 거짓임이 발각되어 믿음과 의리가 상실되어 그의 말이나 행동을 믿지 않게 된다.

사람들과 거짓된 말과 행동으로 사귀면 그 사이에 친함이 유지되지 못하고 모든 사람들이 믿어 주지 않는 상태에 놓여 이 세상을 살아가는 데 매우 큰 불행만이 존재하게 될 것이다. 또한 부모님 조부모님 그리고 자식들과 조카들 손자들 관계인 가족관계에서도 믿음이 없어져 그의 말과 행동에는 동조하는 사람이 없게 되며, 따라서 집안의 대소사 의논도 논의의 대상에서 제외되어 집안사람들에게서 외톨이가 되어 인생의 불행을 초래하게 된다.

내가 중학교 다닐 때의 일이 생각난다. 동네 어른께서 읍내에 있는 우체국에 가서 등기 우편을 부치라는 심부름을 하게 되었는데 같은 읍에서도 우리 중학교와 그 우체국과의 거리가 약 2㎞ 정도 떨어진 곳이라 방과 후 이십오 리 길을 걸어서 집으로 오는 것도 너무 고단한데 읍내 우체국까지 가서 등기 우편을 부치고 오는 일은 거리도 멀거니와 당시 읍내 우체국에 가면 깡패 비슷한 아이들이 용돈도 빼앗고 작은 거울 같은 소지품도 빼앗는 나쁜 아이들이 있었으므로 등기 우편 부쳐 달라는 부탁은 나에게는 매우 두렵고 피곤한 일이었다. 그러나 우리 동네 어르신의 부탁을 이행하지 않을 수 없었기에 가슴 두근거리고 무서웠던 읍내 우체국 심부름을 반갑게 해 드렸다. 피곤하고 무서웠다는 얘기는 누구에게도 할 수 없었다. 부모님과 동네 어르신과 나와의 사이에 두터운 신의가 맺어져 있었으므로 그러한 심부름도 하게 되었고, 귀가하여 우체국 등기 요금을 내고 남은 돈과 영수증을 드렸던 일 등이 지금도 생각이 난다.

그때 그 동네 어른은 돌아가시고 그 자제분들 몇 명은 살아 계시며, 그 자제분들은 내 나이 또래인 친구이거나 나보다 몇 살 위나 아래여서 형 동생 관계로서 지금 고향에 가면 그분들과 저녁 한 끼 먹으면서 옛날얘기도 하고, 어린 시절 얘기도 하면서 화기애애한 분위기에서 시간을 보낼 수 있어 매우 행복함을 느끼기도 한다.

이와 같은 우체국 심부름이 아니더라도 우리들 인간관계가 부모와 자식 관계 직장 상사와 부하 관계 군대 상사와 부하 관계 스승과 제자 관계 등에서 말이나 행동을 함에 있어 반드시 정직해야 하며 그렇게 함으로써 서로의 사이에 신의가 생겨 무슨 조그마한 비밀을 요하는 사항이나 친함을 요하는 사랑이나 서로의 우정 관계 신의 등이 유지되어 우리 인간은 삶이 더욱 행복하게 된다.

2. 의무를 다 하자

우리들은 자식으로서 부모님에 대한 효도를 다하는 효심을 지녀야 하며 형제자매 간에는 우애를 다하여야 하고 친구 간에는 신의를 지켜야 한다. 더 나아가서 나라에는 사랑하는 마음을 지녀야 한다. 이런 것들은 우리가 이 세상을 살아가는 데 꼭 지켜야 할 의무와 책임이며, 이에 충실하여야 한다.

나라가 부강하고 힘이 있어야 그 나라에 살고 있는 국민이 잘살 수 있다. 우리나라는 일본의 치하에서 또는 조금 옛날에는 몽고족의 침범으로 나라의 통치행위가 제약당하여 주권이 없는 국민이 되어 침략자들에게 징병도 당하고 재물을 바치고 여자들도 곤욕을 겪어야 했던 치욕스러운 역사가 있다. 이러한 역사를 거울삼아 이 나라의 국민으로서 나라에 대한 의무를 다해야 한다.

요즈음 젊은이들은 부모님에 대한 효성이 옛날보다는 너무 많이 뒤떨어져 있다. 시대와 문화의 변천에 따른 부작용이라 생각할 수도 있으나 옛날같이 부모님이나 조부모님을 같은 집에서 모시고 살라는 그런 요구가 아니고 사람이 자식을 낳아 키우면서 쏟은 애정과 고단한 육체적 노동의 기여 등을 깨닫고 깊이 생각하여 부모님에 대한 효심을 마음 속에 지니고 같은 집에서는 살지 않더라도 수시로 전화를 하여 건강이나 다른 애로사항 등을 체크하면서 관심을 쏟고 부모님께서 몸이 불편하여 병원 등이나 필요한 곳에 다니고자 할 때 간혹 도와드리는 관심 정도는 가져야 하며, 부모님께서 용돈이 부족한 경우에는 자기 능력에 맞게 도와드리는 마음가짐이 필요하다. 요즈음 전화 시설이 발달한 좋은 세상이니 며칠에 한 번씩이라도 안부를 물어보는 최소한의 관심을 가지는 것이 부모님이나 조부모님 처부모님 등에 대한 최소한의 효심이라 생각된다.

또한 형제자매 간에도 전화로 안부를 물어보고 크고 작은 애로가 있을 때는 물질이나 마음으로 위로하기도 하여야 하며, 친구 간에도 칠순 팔순이 넘은 사이에는 그 안부를 자주 물어보고 몸이 좋지 않은 친구들에게는 위로를 아끼지 말아야 한다. 배우자가 돌아가신 친구들이나 병에 시달려 요양병원에 가 있는 친구들에게는 특히 많은 관심과 위로를 배가할 필요가 있다.

선진국 대열에 들어선 우리나라의 국민으로 살고 있음을 축복이라고 생각하고 대한민국의 국민임에 큰 자부심을 가져야 한다. 의료복지나 연금제도도 어느 선진국보다 잘 갖추어져 있고, 국민소득이 꽤 높은 나라에서 그 혜택을 누리게 된 것은 과거 위정자들이나 우리 선배들의 희생정신과 피나는 노력이 있었기에 가능했다. 이들에 대한 존경심을 가지는 자세로 살아가는 것이 그 선배들에 대한 예의라 생각한다.

마땅히 해야 할 일은 하지 아니하고 부귀만을 자랑하거나 누리려는 마음은 올바른 우리들의 자세가 아니다. 오직 부를 쫓아다니며 정직을 버리고 자기 양심을 버리고 말과 행동을 하는 자들은 이 세상이나 어디에서도 믿어 주지도 않고 따르지도 않아 머지않은 장래에 망하는 것을 우리 주위에서 흔히 볼 수 있다.

내 자식들과 내 동생들이여! 그리고 나의 친한 친구와 후배들이여 이 사회에 살고 있다는 것에 보람을 느끼며 자기의 맡은 바 일과 의무에 충실하고 최선을 다하여 살아가면 자기 삶이 행복하고 즐거울 것이다.

부디 각자의 위치에서 자기가 해야 할 일이 무엇인가를 살피면서 자기 힘에 맞게 말하고 행동하자.

3. 봉사와 자선을 행하자

　봉사란 나라나 사회 또는 남을 위해 자신의 이해를 돌보지 않고 몸과 마음을 다하여 일하는 것을 의미하며 자선이란 가난하거나 불행한 처지에 있는 사람을 딱하게 여겨 도와주는 일이다.

　봉사에는 육체적 봉사와 물질적 봉사가 있겠다.
　병들고 가난한 노인들에게 밥하는 일을 도와준다든지 청소하는 일을 도와주는 일 그리고 목욕을 시켜 드린다든지 하는 것은 육체적 봉사이며, 어렵게 살아가고 계시는 노인들이나 병든 어른들에게 돈을 기부하며 그들의 건강을 돌보아 주고 쌀이나 연탄 등을 사 드리는 것이 물질적 봉사에 속한다고 하겠다.
　물질적 봉사에는 가난한 아프리카에서 병을 고쳐 주고 교육시켜 주고 생활 개선을 위하여 봉사하고 계시는 단체들에 대한 기부행위, 고단하고 견디기 힘든 군 생활로 마음이 약해진 군인들에게 정신적 위안과 용기를 주는 종교단체의 봉사자인 신부님, 목사님, 스님 등에 대한 기부행위, 이 사회에서 적응하지 못하고 일시적 판단 착오로 죄를 지어 교도

소 생활을 하는 죄수들의 현재와 미래 생활에 용기를 주고 지도해 주고 위로해 주는 단체에 대한 기부행위, 부모가 능력이 없거나 키울 형편이 되지 않아 맡겨진 아이들을 돌보아 주고 입히고 먹이며 교육까지 시켜 앞으로 원만한 사회생활을 할 수 있도록 도와주는 보육단체에 대한 기부행위 등이 있다.

자선이란 가난하거나 불쌍한 처지에 있는 사람을 딱하게 여겨 도와주는 일이며, 이에도 자선의 수단으로 정신적 육체적 자선과 물질적 자선이 있겠으며 정신적 육체적 자선에는 양로원에 직접 가서 목욕을 시켜드린다든지 밥을 지어 준다든지 반찬을 만들어 밥상을 차려 준다든지 아니면 교도소나 국군장병 위문공연 등을 하여 정신적으로 위로를 주어 용기를 얻게 함으로써 국방 의무 정신 고취 임무를 수행한다든지 하는 것 등이 있을 수 있다.

물질적 자선에는 위에서 논한 육체적 물질적 봉사 단체인 양로원 보육원 가난한 아프리카 등에 가서 봉사 활동을 하는 단체와 군종교회, 아이를 낳았으나 키울 수 없는 아이들을 키워 주고 돌보는 육아원 같은 많은 단체 외방선교단체 이주사목단체 교회사 등의 연구소 민족화해위원회 소록도 나병환자 돌보는 단체 등등 우리들의 도움을 청하는 많은 단체 등이 있다. 이들에 대한 도움의 뜻으로 회비를 지불하는 행위 등등이 물질적 자선에 속한다고 하겠다.

이러한 단체뿐만 아니라 우리가 태어났던 시골 마을에서 노인이 되어 병고에 시달리며 고생하고 계시는 분들과 지금 살고 계시는 서울 부산 대구 대전 광주 등 대도시에서도 먹을 것이 부족하여 하루 세 끼를 먹지 못하고 생활하고 계시는 분들과 추운 겨울에 연탄 살 돈이 없어 차가운 겨울밤을 보내고 계시는 극빈층의 할아버지와 할머니들이나 건강마저 잃어 몸도 마음대로 가누지 못하고 계시는 극빈층의 우리 이웃이나 늙고 병들어 제대로 걸을 수 없는 극빈층의 노인들이 많이 있다. 이러한 분들에 대한 정기적 돌봄 서비스나 현금을 지급하는 모습은 매우 아름다워 보이며, 남에게 본보기가 됨은 물론 마땅히 존경받아야 한다.

우리 사회가 발전해 갈수록 국민소득이 높아갈수록 더욱 차원이 높은 봉사 정신과 자선의 실행은 존경받을 일이므로 기쁜 마음으로 제공하는 헌신적인 봉사와 자선이 요구된다고 하겠다.

4. 부지런하자

근면하다는 것은 부지런하다의 뜻이다. 개미와 베짱이라는 얘기에서 개미는 언제나 어디서나 매일 일하는 것이 천직인 양 여기면서 일하면서도 아무런 불평이나 불만 없이 살아가고 있고, 베짱이는 매우 게으른 동물로 개미와 대조되는 곤충에 비유된다.
 우리들 인간도 매우 부지런하고 착하게 자기 직무에 충실하면서 살아가고 있는 사람이 있는가 하면 게으름에 빠져 놀고먹는 사람도 있다.

 근면한 정신을 가진 사람은 가정에서나 사회 또는 국가에 대하여 불평하지도 않고 불만을 가지지도 않으면서 자기에게 주어진 책임과 의무에 충실하며 게으른 사람은 자기는 일을 하지도 않고 남을 배려하지도 않으면서 가정이나 사회 또는 국가에 대하여 불만을 가득 안고 오늘을 보내고 있다.
 부지런한 사람은 충효사상이 뚜렷하고 친구들과의 교분관계도 원만하고 불쌍한 이웃을 생각하는 배려심이 매우 강하다.
 부지런한 사람치고 부모님에게 불효한 사람은 없다. 아침

저녁으로 늙어 가시는 부모님이 애처로워 자기도 이 부모님과 같이 늙어갈 것이라는 마음을 가지면서 남보다 더 부모님을 찾아뵙고, 부모님의 건강에 온 신경을 쓰게 되며, 부모님을 마음 상하게 하는 일은 없는지 또한 불편하거나 불만이 가득한 사건들은 없는지 조금이라도 섭섭한 마음을 가지시는 일은 없는지에 대하여 매우 걱정하며 효의 실천에 노력하게 된다.

요즈음에 이르러 아들이 성인이 되어 결혼하게 되면 부모님이 계신 집이 아닌 다른 집을 얻어 살림을 따로 하는 경우가 대부분이며 대세이므로 옛날처럼 부모님과 같은 집에서 살며 부모를 부양하는 경우는 거의 없으므로 효의 방식이나 절차 등이 옛날보다 매우 달라졌다. 부모님에 대한 건강과 안부를 대개는 전화로 여쭙는 것으로 대신하고, 경제적 지원이 필요한 경우에는 형제자매 간에 조금씩 능력껏 힘을 합쳐서 도와주는 것이 요즘 효의 표시이기도 하다.

베짱이와 같은 게으름뱅이의 경우 일할 때 일을 하지 않고 가정의 평화와 부를 위해 최선을 다하지 않으면, 부모님에 대한 효를 제대로 이행할 수 없고 자식의 교육이나 성장에 대한 부모로서의 임무를 충실히 할 수 없는 경우가 대부분이며 친구와의 교분에서도 친함을 유지할 수 없어 배척당하게 되어 늙어서 외로움을 감당할 수밖에 없는 매우 불행한 생을 영위하다 쓸쓸히 마감하게 된다.

우리는 무슨 일에나 애착을 가지고 부지런히 열심히 일하고 노력함으로써 부모님에 대한 효를 어느 정도 실천할 수 있고 어려운 가정이나 사회 또는 친지들에게 물질적으로 베풀 수 있다. 그러므로 이 근면정신은 부모님께 효를 행하고 남에게 베푸는 건강한 정신을 만들어 주어 아름다운 인생 영위의 매우 중요한 큰 과제가 됨은 부인할 수 없다.

우리들은 태어나면서부터 부모님으로부터 부지런함에 대한 교육을 받아 왔고, 그 근면성을 실천함으로써 가정을 화목하게 하고 행복이 넘쳐흐르는 삶을 익히고 키우고 실천하여 국가나 이 사회에 매우 유익한 나무가 되고 그 나무는 무럭무럭 자라나는 우리들 후손들에게 귀감이 되고 부강한 국가 건전하고 살 만한 세상을 만드는 데 크고 튼튼한 기둥이 될 것이다.

5. 공익을 먼저 생각하자

우리가 이 세상에 태어나서 자라고 학교에도 다니고 남자들의 경우 군대에 가서 국방의무를 마치고, 사회에 진출하여 공직이나 회사 등에서 일하면서 돈을 벌어 가정을 꾸려 유지하는 데 기여하게 된다. 이를 사익 분야인 개인사 분야라고 할 수 있고, 이웃이나 자선단체 등을 돕거나 국방의 의무를 수행하는 것은 공익 분야라 할 수 있다.

우리나라가 해방되기 이전 일본군과 싸우는 독립군이나 육이오전쟁 등에서 군인으로 참전한 것은 의무이든 선택이든을 막론하고 목숨을 버릴 각오로 참여하는 것이므로 매우 두려운 일이었으나 나라를 구해야겠다는 일념에서 참전한 그 용감한 군인들에게도 모셔야 하는 부모님이 계시고, 아내를 돌보고 책임져야 할 자식들이 있었을 것이나, 자신의 개인사를 잠깐 접어 두고 나라를 구한다는 공익을 위함이 먼저였기 때문에 위대한 희생정신으로 전쟁에서 싸웠을 것이다.

개인사의 구체적 예들은 우선 부모님을 모시는 일로서 이는 마땅히 이행해야 할 효도의 정신이며, 아내와 자식을 돌보고 먹여 살리고 교육시키는 문제와 가련하게 지내는 친구를 보살피는 일, 처부모님을 보살피는 일 등은 개인사 분야에 속하며 이 또한 마땅히 해야 할 중요 의무에 속한다고 하겠다.

그리고 공익 부문에 있어 매우 중요한 문제는 국방의 의무에 충실하여야 하는 것이며 나라가 없으면 사익 또한 그 뜻을 잃게 되는 것이기에 공익 중 국방의 의무 수행은 제일 우선적인 의무에 속한다. 또한 공익 중 나라를 지키므로 마땅히 우선적으로 수행하여야 할 의무 사항이 납세의 의무이다. 따라서 국가나 지방자치단체의 존립을 위하고 유지 발전시키는 데 피가 되는 재정의 수요에 대한 우리들의 의무 또한 매우 중요하다.

그리고 가난하고 병든 자인 약자를 돌보는 자선단체에 조금이라도 자기 능력껏 기부하는 행위 또한 매우 중요한 공익정신이며 마땅히 관심을 가지고 이행해야 할 우리들의 의무는 아니나 이 사회와 국가의 복지화를 이룩하기 위해서는 매우 중요한 분야라 할 수 있다.

비영리단체로는 돈 없고 병들고 나이 들어 갈 곳 없고 의지할 곳 없는 노인들을 돌보는 양로원이나 돌보아 줄 사람이 없는 고아들이나 기타 사회적으로 적응력이 부족한 환자들을 돌보는 단체나 돈이 없어 공부를 계속할 수 없는 학생들에게 도움을 주는 장학단체 등이 있겠다. 이러한 많은 기관에서 하는 일들에 도움을 주기 위해 금전적으로나 육체적 봉사로 기부하는 것은 모두 이 사회나 국가에서 재정적 부족으로 다하지 못하는 공익 분야라 할 수 있다.

우리들 대부분은 자기 부모, 자기 아들딸 등의 건강을 위하고 교육시키고 먹이고 입히는 개인사에 많이 치우쳐 다른 여러 공익분야는 배려의 대상에서 제외하고 살아가고 있다. 물론 각 개인의 삶이 제대로 영위되어야 사회나 국가의 기반이 튼튼해지는 것도 사실이다. 그러나 우리의 관심을 국가를 방위하는 정신적 육체적 기여 또는 그 재정을 뒷받침하는 납세의 의무는 물론 가난한 자에 대한 도움, 병든 자에 대한 돌봄, 돈 없어 공부할 수 없는 자에 대한 장학자금의 형성에 우선 관심을 가지는 자세가 매우 필요하고 절실한 때이다.

개인사의 돌봄 또한 매우 중요한 인간사 중의 하나이나 국가나 지방자치단체의 재정적 부족으로 관심을 가지지 못하고 아니 관심을 아예 가질 수도 없는 공익 분야에 먼저 관심을 가지고 이행해 나감을 커다란 보람으로 여기면서 실천하는 데 힘써서 세계가 부러워하는 이 사회와 국가의 복지화가 이루어지기를 빌어 본다.

6. 후회 없는 인간관계를 가지자

　살다 보면 별의별 일들을 겪기도 하고 보고 듣기도 한다. 이런 각가지 일들은 모두 인간관계에서 일어나는 일들이다. 우리 인간은 여러 양상의 사람들과 사귀고 대화도 하고 심지어 다투기도 하지만, 서로 협조하고 이해하면서 때로는 자기주장을 강하게 내세우기도 하고, 때로는 양보하기도 하면서, 인간과 인간 또는 집단과 끊임없이 관계를 이루며 어울려 살아간다. 이러한 우리의 인간관계를 다음의 몇 가지 형태로 설명해 보고자 한다.

1) 부모와 자식과 형제자매와의 관계

　우리는 누구나 부모가 계시며 아래로는 자식들이 있어 가정을 꾸며 서로 자기주장을 내세우기도 하고, 그 의견에 반하는 말을 하여 다투기도 하면서 살아간다.
　나의 경우 부모님의 의견이 옳든 그르든 따지지 않고, 부모님의 의견이나 명령에 순종하면서 살아왔다. 그러나 부모와 자식 사이에 항상 명령과 순종만이 대화의 전부가 아니며, 때로는 젊은 세대들의 생활 방식과 어른들에 대한 사고

등 부모님이 잘 모르는 분야는 자세히 설명해 드려 부모님을 이해시키는 경우도 많다. 혼례, 상례, 제례 등에서는 자식들이 잘 모르고 있는 것이 있게 마련이므로 이때는 경륜이 많고 옛 예의범절을 많이 아시는 부모님이 자식들을 가르쳐서 이해시킬 수도 있다. 이처럼 서로 잘 모르는 것은 서로 가르쳐 주어 알게 됨으로써 부모와 자식 간의 이해와 친목 또는 존경이 깃든 즐거운 가정이 될 것이라 믿는다.

  각 가정을 돌아보면 형제만 있거나 자매만 있거나 형제자매 모두 있는 가정이 있다. 옛날에는 형이나 동생의 처사나 처세에 대하여 불만이 있어도 서로 이해하면서 지내곤 하였다. 자매간에도 그 주장이 다를 수도 있고 금전 관계가 얽히어 불화가 있을 수도 있겠으나 대부분 가정에서는 손위 형이나 손위 누나, 손위 언니나 오빠가 이해하려고 노력하는 가운데 그 가정의 평화가 발전되거나 유지되는 경우가 많다. 또한 불화의 씨앗이 시정되지 않거나 어려운 경우에는 시간이 약이라는 명언처럼 세월이 흐르다 보면 서로가 자기 잘못을 느끼게 되고, 손아래 조카들에게도 가정 평화에 나쁜 영향을 끼친다는 점을 스스로 깨달아 어떤 집안 모임에서 서로의 잘못을 얘기하며 서로 용서를 구하는 아름다운 분위기가 조성되어 가정의 평화가 회복되는 경우도 많이 볼 수 있다.

2) 친구 관계

  친구란 고향에서 태어나 어릴 때부터 초등학교를 같이 다니며 아무 허물없이 장난도 치고 같이 먹기도 하고 동네에서 같이 즐기면서 놀기도 하면서 욕을 하여도 그리 기분 나쁘지 않았던 고추친구와 중고등학교 동창 친구까지는 이 항에서 논하는 친구 범위에 속한다고 하겠다.

이와 같이 고추친구나 중고등학교 친구까지는 서로 대화할 때 존댓말을 쓰지 않으며 말을 놓고 친한 감정으로 대하면서 체면을 중시하는 사회 친구와 달리 어떤 얘기라도 할 수 있고, 남에게 말하기 어려운 얘기도 할 수 있다. 그 얘기를 들은 친구의 입장에서는 이해하고 애로가 있으면 도우려 하고 걱정되는 일은 같이 걱정 근심을 나누려고 하는 친구 관계가 이루어지면서 오늘도 그런 친구와 만나고 전화도 하면서 지낸다. 특히나 친구 중 군대 친구는 동고동락한 사이여서 각별히 친하게 됨도 사실이다.

3) 직장 상하 간 동료와의 관계

직장에서 국장과 과장 사이 과장과 계장 사이 계장과 직원 사이의 동료애는 초등학교 때의 친구나 동네 친구 사이의 동료애와는 다르다. 직장에서나 밥집에서나 아니면 극장에서나 어디서든 국장과 과장, 과장과 계장, 계장과 직원 사이에는 말을 나눌 때나 영화나 연극을 관람할 때 혹은 음식을 나눌 때도 부하는 상사에게 대우해야 하며, 상사는 부하를 부하로서 사랑해야 하므로 조심성 있는 언행이 전제되는 동료애가 존재한다.

4) 일반 시민과의 관계

어릴 때 친하던 친구도 아니고 그렇다고 직장이나 군대에서 사귄 친구도 아니며, 학교 공부를 같이하면서 친하게 된 친구도 아닌 일반 시민은 서로의 관계에 따라 다시 말해서 공직자로 출마했을 때의 시민 아니면 그저 돌아다니다 언제 만날지도 잘 모르는 시민과의 관계에서는 예의를 중시하고 상대방에게 실례되지 않는 관계를 설정함이 매우 중요하다.

5) 남녀 간의 관계

우리는 국민의 한 사람으로서 국가에 대하여 여러 가지 권리도 있겠지만, 마땅히 해야 할 의무도 있게 마련이다. 이 나라에 태어나서 남자는 남아로서 국방의 의무와 납세의 의무는 당연히 지켜야 하며, 그 외에 지켜야 할 다른 의무도 많다. 그에 반해서 권리도 많이 향유하게 되는데 참정권이나 기타 여러 가지 권리를 가지게 된다. 이러한 기본 권리와 의무는 남녀 간에 조금 다른 점이 있기는 하나 남녀의 대우가 다르다는 것은 아니므로 서로 존경하면서 상대의 말을 경청하여 상대의 의견 개진에 조용히 답하는 태도가 필요하다 하겠다.

우리는 요즈음 남녀 간의 모임이 많은 시대에 살고 있다. 이때 서로 존경심을 발휘하여 상대의 의견을 진솔하게 경청하고 좋은 의견은 수용하는 자세가 매우 중요하다.

우리는 남녀가 함께 가정을 꾸리며 살아가므로 한곳에서 남녀가 항상 같이 살게 된다. 우리 남녀는 인간이기에 서로의 견해가 다를 수 있고, 자라온 지역이나 환경, 교육 정도나 성격 등이 서로 다름을 인정하지 않고 사소한 의견 차이로 상대방의 기분을 상하게 하는 말이나 행동을 할 경우가 간혹 있다. 그럴 때는 상대방의 입장에서 다시 생각해 보는 여유를 가지고 상대를 대하는 지혜가 필요하다고 본다.

우리는 부자지간이나 형제자매 간 또는 친구 사이나 남녀 간에도 서로 상대의 입장에서 생각하고 이해하는 지혜를 가진다면 질서 있고 교양 있는 삶을 영위할 수 있을 것이며, 남들이 부러워하는 인간 됨됨이를 지닌 훌륭한 아버지가 되고, 아들이 되고, 그리고 형제자매가 되고, 존경받는 친구 또는 존경받는 남녀가 될 것이다.
복잡한 세상에서 어렵더라도 밝고 바르게 현명한 인간관계로 삶을 영위한다면 좀 더 유쾌한 삶을 이어 가는 데 많은 도움이 될 것이다.

7. 내 속의 미움을 접자

학교에서나 사회에서 이유 없이 나를 해코지 하고 인격을 모독하고 나에게 금전적 손해를 끼치는 사람이 있다. 결국, 그 사람을 지독하리만큼 미워하게 되고, 그 미움이 자라면 복수하고 싶은 마음마저 들게 한다.

어렸을 때 까닭 없이 힘센 친구에게 맞거나 왕따를 당해도 도저히 그 아이를 힘으로 당할 수가 없었다. 해서 그 아이를 원망하고 미워하며, 더 크면 너에게 맞은 만큼 꼭 되돌려 주고 왕따를 당한 만큼 상처를 주겠다고 결심했었다.

군대 생활을 할 때 특별한 잘못 없이 학적 보유병(대학 재학 중 군에 입대한 경우 별도의 00 군번을 주고, 단기 복역하던 제도의 육군 병사)이라는 이유만으로 군대 생활 내내 상사에게 별도의 육체적 기합을 받거나 정신적인 폭행으로 마음에 큰 상처를 받았다. 그러나 이것이 군대 생활이겠거니 하고 참고 견디면서도 때리고 기합을 준 상사가 몹시 미워서 사회에 나가 다시 만나게 되면 내가 당한 만큼 꼭 갚아주겠다고 마음먹었다.

그러나 아무 이유 없이 때리고 단체 기합을 주고 유독 학보병 단기복무자라고 괴롭힘을 준 그 상사보다 제대 특명을 먼저 받고 대대를 떠나올 때, 어제와 같이 아침 점호를 취하고 훈련에 임하고 있는 그 상사와 동료들을 보자 저 상사와 동료 병사들도 나와 같이 제대복을 입고 예비사단으로 떠났으면 얼마나 좋을까 하는 위로와 동정심이 생기면서 대대 막사를 떠나 연병장을 걸어 나오는 중에 그때까지의 미움이 용서로 변했다. 이런 갑작스러운 변화는 내 속에 미움이 있었기에 용서도 있었던 것이라 생각되어 그 미움을 고맙게 생각했다.

삼십 대 젊은 나이에 공직 생활을 할 때 나는 객관적이고 정당하게 조사한 결과를 상사에게 결재를 올렸는데 재조사를 명령하면서 나를 괴롭히고 다음 날 결근을 하게 만들기도 했다. 그때 나는 그 직장을 그만두고 싶었다. 그러나 그럴 수도 없어서 그 상사를 원망하고 미워하다 못해 빨리 그 상사가 없는 곳으로 떠나고 싶었다. 그러다 전출로 근무지를 옮기게 되자 하늘을 나는 듯 시원한 기분이었다. 자신의 이익을 위해 정당하지 못한 생각을 가지고 나의 정당한 조사 서류에 결재를 미루며 심리적 고통을 몇 달간씩이나 주었던 그 사람이 나중에 소식을 들으니 일찍 이 세상을 떠났다고 한다. 겨우 그것밖에 살지 못할 것을 물질에 왜 그리도 욕심을 내면서 나를 괴롭혔나 하는 생각을 하니 오히려 불쌍했다. 그를 원망하는 많은 다른 사람을 보며 한때나마 그를 미워하고 원망하였던 내가 부끄러웠다.

대학 졸업 후 첫 직장인 부산시청 서구청에 근무할 때 나의 먼 친척인 아가씨가 가난을 이겨 내지 못하고, 아가씨들이 가면 안 되는 곳으로 가려고 한다는 말을 들었다. 그 아가씨를 불러 부모님을 확인하고 집안 형편 얘기를 듣고는 사회과에 얘기하여 비록 만족스러운 수입은 아니었지만, 하루 세끼 밥은 먹을 수 있는 일자리를 구해 준 일이 있다. 그러고는 한 여성을 구제하였다고 자부했다. 그때의 일이 생각날 때마다 그 아가씨가 내가 소개해 준 일터에서 일하면서 생활은 조금 나아졌었는지 좋은 신랑을 만나 아들딸 낳고 잘 사는지 궁금해진다.

그 당시 나는 결혼을 해서 생활비를 꽤 지출하는 형편에 박봉이라 그 아가씨를 경제적으로 도와주지 못했다. 그러나 박봉이더라도 생활고에 시달리는 친척 아가씨에게 자선을 베풀어야 했었는데, 그러지 못한 점에 대하여 지금도 미안하게 생각한다. 이러한 회개를 하게 해 준 딱한 아가씨의 생활고와 나의 박봉이 지금이라면 그렇게 하지 않았을 것이라는 깨달음을 있게 해 주니 모든 일이 그냥 얻어지는 것은 아닌 것 같다.

이런 용서함과 회개를 있게 해준 내 속의 미움과 원망과 미안함을 감사로 되짚어보면서 내 속에 있는 미움을 접고 용서할 때 남도 나에 대한 미움을 접어 줄 것이라는 것을 깨닫게 되었다.

8. 어른다운 어른이 되자

 어른이란 일반적으로 성인을 의미하며 미성년자와 구별된다. 따라서 어른이란 부모나 형제나 국가 사회에서의 보호의 대상에서 벗어나 자기가 독립적 주체로 말과 행동을 할 자유와 권리를 가지되 그 책임도 감당하여야 한다. 이러한 어른 중에서도 어른다운 어른이란 나이와 관계없이 인간사 모든 면에서 남의 본보기가 되는 모범적 인간으로서 흠결이 없는 사람을 의미한다.
 나이가 60이 넘어서도 그 행동이나 말이 모범이 되지 못하고 젊은이들이 배울 점이 없다면, 그분은 어른다운 어른이 아니다. 비록 나이는 삼십 대라도 그 행동이나 말이 남의 모범이 되어 그를 존경하고 본받으려고 한다면 어른이라 할 수 있다. 남들이 존경하여 그의 말과 행동을 본받으려고 한다면 어른다운 어른이라 할 수 있으니, 나이와는 아무 상관이 없다.

 어른다우려면 어려서부터 가정교육과 학교 교육으로 사람에게 꼭 필요한 인성교육을 받아 정신적 육체적 본능과 욕망을 억제하고 절제하여 도덕적이고 종교적으로 흠이 없는 인성을 쌓아 바르게 행동하는 것이 무엇보다 중요하다.

우리 인간은 금욕이 매우 어렵지만, 이것을 이겨내지 못하면 어른다운 어른이 될 수 없다.

따라서 금욕주의란 극기주의 또는 제욕주의라고도 하며 쾌락주의와는 상대되는 말이다. 인간의 욕구 욕망에는 물욕 성욕 명예욕과 같은 것이 있고, 이러한 욕구 욕망을 억제하여 종교상 도덕상의 이상을 성취한다면 어른다운 어른이 될 수 있다.

사람이 태어나 누구라도 더 잘살고 윤택하게 살고 싶어 하는 것은 인간의 본능이다. 해서 물욕은 끝이 없으며 오히려 재물은 다다익선(多多益善) 즉 많을수록 좋다는 것이 일반인의 생각일 것이다. 그러나 생활하는 데 불편이 없을 정도이면서도 재물을 한없이 탐하는 경우, 무리한 부정 축재 등의 비리를 저지르게 된다. 성욕의 경우는 하느님이 짝 지워 준 부부 이외의 이성과 성적 쾌락을 추구하는 경우 사회와 가정을 파괴하는 사람이 된다. 명예욕도 자기 능력에 맞지 아니한 직위에 오르기를 꾀한다면 결과가 불 보듯 훤하다.

이처럼 본능적 욕구와 욕망에 억제와 절제가 없으면, 어른다운 어른은 없고, 따라서 본받을 사람과 스승이 없는 희망 없는 사회가 될 것이다.

물욕을 채우기 위해 인간은 탈법과 탈도덕을 앞세워 우리가 사는 이 사회를 어지럽히고 가난한 자는 항상 가난하고 부자는 항상 부유하게 살게 되어, 돈이면 안 되는 것이 없다는 생각이 이 세상을 지배하게 한다.

명예욕이 지나치면 자기 능력을 인식하지 못하고 정당한

경쟁의식을 무시하고 뇌물 등을 동원하고 옆 동료를 모함한다든지 하는 옳지 못한 방법을 동원하게 되어 소속된 공동체를 무너뜨리는 결과를 초래한다.

하느님께서 창조할 때부터 성욕을 주셨고, 이것을 결혼이라는 절차를 거쳐 이루어지도록 허락하셨다. 그것을 국법으로 정했음에도 불구하고 인간의 성욕은 배우자 이외에 다른 사람을 탐하게 되고 이를 억제하지 못하면 종교적 도덕적 정신이 붕괴되고 성범죄 유혹에 빠져서 위신이 일시에 무너지게 된다.
따라서 어른다운 어른이 되기 위한 대가인 금욕은 말같이 그리 쉬운 일이 아니다.

물욕은 얼마나 재물을 가져야 하는지 그 한계가 매우 주관적이라 할 수 있다. 어떤 이는 5억, 어떤 이는 10억, 사람에 따라서 20억, 30억, 100억 내지 그 이상을 원할 수 있으나 평생 이웃 나눔에 동참하지 않는다면 그 재물이 무슨 소용이 있겠는가. 그러나 막상 우리가 가진 것에 만족하며 이웃을 위해 내 것을 나누며, 물욕을 억제하는 것, 그 자체가 나부터도 어려운 일이다.
사람에 따라 소유의 만족도가 다르므로 1억 원이 모이면 목표를 5억 원으로 정하고 그 이상은 욕심내지 않고 좋은 일에 쓰겠다고 결심하지만, 막상 5억이 모이면 목표는 다시 10억으로 바뀌고 그 10억 원이 달성되면 또다시 그 목표기 상향 조정되니 인간에게 물욕의 목표 수치는 끝이 없다. 이러한 현상이 인간의 본능이니 물욕의 억제는 쉽지 않으며,

우리가 살아가는 행복의 가치에 대한 발상의 전환 없이는 지키기가 어렵다.

그렇지만 물욕을 억제하지 못하고는 어른다운 어른이 될 수 없으며 나아가 존경받는 사람은 될 수 없다.

우리의 명예에 대한 욕망은 외부에서 객관적으로 보는 경우와는 달리 막상 본인은 자기의 능력을 과대평가하고 자기 능력이 부족함을 느낀다 하더라도 자신이 승진하면 어떤 업무도 충분히 수행할 수 있다고 착각한다. 공무원의 경우에도 자기는 7급 공무원 능력밖에 되지 않는다는 직속상관이나 옆 동료들의 평가에도 불구하고 본인은 5급 4급 또는 그 이상의 직급인 국장이나 실장에 부임하더라도 충분히 그 직을 수행할 능력이 있다고 믿기에 명예에 대한 자기 억제를 통제하기가 쉽지 않다. 자기 능력을 스스로 깨닫고 현재 담당하고 있는 일에 대하여 최선을 다하여 더 잘할 수 있는 일을 찾아서 하는 지혜가 있어야만 어른다운 어른이다.

성욕의 경우 자기 배우자와 성관계를 맺는 것이 매우 종교적이요 도덕적이며 나라의 법에도 맞는 것이나 막상 현실에서는 자기가 배우자 이외에 다른 사람을 대하였을 때 사귀어 보고 싶다는 생각도 할 수 있고, 사귀자고 말을 할 수도 있고, 간혹 행위로도 옮길 수 있다.

옛날에 일찍이 남편을 여읜 젊은 과부가 재가하지 않고 시부모님을 모시고 살면서 혼자 외로운 밤을 지내고 있을 때 인간의 본능인 성욕을 억제하기 위해 바늘로 자기 살을 찌르면서 살았다는 얘기를 어른들에게서 흔히 들었다. 오늘날도 종교적 지도자인 스님이나 신부, 수녀 등의 수도자들이 이런 성적 본능을 억제하면서 우리 인간을 구원하는 데 힘을 쓰고 있음을 볼 수 있는데, 이처럼 특수한 계층에서 인류를 위하여 봉사하는 자들의 문제만은 아니다.
 종족의 번식을 위해 하느님께서 주신 본능인 성욕을 억제하면서 살아간다는 것은 고도의 정신적 수양을 해야만 하는 어려운 일이지만, 그렇다고 절제 없이 본능의 지시에 따른다면 어른다운 어른이 될 수 없음은 자명한 일이다.

 어른다운 어른이 되기 위하여 인간의 본능인 욕구 욕망을 억제해야 하는 절제의 길은 매우 어렵고 험난하기만 하다. 어른들아! 욕망의 억제인 금욕이 어렵고 쓰디쓴 가시밭길 같다 하더라도 이겨 내고 이 길을 걸어야만 우리의 후손들이 본을 받아 그들도 어른다운 어른이 될 수 있음을 명심하자
 그 길이 대단히 외로울지라도!
 그 길이 가시밭길이라도…….

나의 애송시

향수

정지용

넓은 벌 동쪽 끝으로
옛이야기 지줄대는 실개천이 휘돌아 나가고,
얼룩백이 황소가
해설피 금빛 게으른 울음을 우는 곳,
― 그곳이 차마 꿈엔들 잊힐 리야

질화로에 재가 식어지면
비인 밭에 밤바람 소리 말을 달리고,
엷은 졸음에 겨운 늙으신 아버지가
짚벼개를 돋아 고이시는 곳,
― 그곳이 차마 꿈엔들 잊힐 리야.

흙에서 자란 내 마음
파아란 하늘빛이 그리워
함부로 쏜 화살을 찾으려
풀섶 이슬에 함초름 휘적시던 곳,
― 그곳이 차마 꿈엔들 잊힐 리야.

전설바다에 춤추는 밤물결 같은
검은 귀밑머리 날리는 어린 누이와
아무렇지도 않고 예쁠 것도 없는
사철 발 벗은 아내가
따가운 햇살을 등에 지고 이삭 줍던 곳,
- 그곳이 차마 꿈엔들 잊힐 리야.

하늘에는 석근 별
알 수도 없는 모래성으로 발을 옮기고,
서리 까마귀 우지짖고 지나가는
초라한 지붕,
흐릿한 불빛에 돌아앉아 도란도란거리는 곳,
- 그곳이 차마 꿈엔들 잊힐 리야.

冬天(동천)

서정주

내 마음속 우리 님의 고운 눈썹을
즈믄 밤의 꿈으로 맑게 씻어서
하늘에다 옮기어 심어 놨더니
동지섣달 나는 매서운 새가
그걸 알고 시늉하며 비끼어 가네

사슴

노천명

모가지가 길어서 슬픈 짐승이여
언제나 점잖은 편 말이 없구나
관이 향기로운 너는
무척 높은 족속이었나 보다
물속의 제 그림자를 들여다보고
잃었던 전설을 생각해 내곤
어찌할 수 없는 향수에
슬픈 모가지를 하고 먼 데 산을 쳐다본다

진달래꽃

김소월

나 보기가 역겨워
가실 때에는
말없이 고이 보내 드리오리다

영변(寧邊)에 약산(藥山)
진달래꽃
아름 따다 가실 길에 뿌리오리다

가시는 걸음걸음
놓인 그 꽃을
사뿐히 즈려밟고 가시옵소서

나 보기가 역겨워
가실 때에는
죽어도 아니 눈물 흘리오리다

내 마음은

김동명

내 마음은 호수요,
그대 노 저어오오
나는 그대의 흰 그림자를 안고,
옥같이 그대의 뱃전에 부서지리다

내 마음은 촛불이요
그대 저 문을 닫아 주오
나는 그대의 비단 옷자락에 떨며, 고요히
최후의 한 방울도 남김없이 타오리다

내 마음은 나그네요,
그대 피리를 불어 주오
나는 달 아래 귀를 기울이며, 호젓이
나의 밤을 새이오리다

내 마음은 낙엽이요,
잠깐 그대의 뜰에 머무르게 하오
이제 바람이 일면 나는 또 나그네같이 외로이
그대를 떠나오리다

조국(祖國)

정완영

행여나 다칠세라 너를 안고 줄 고르면
떨리는 열 손가락 마디마디 에인 사랑
손 닿자 애절히 우는 서러운 내 가얏고여

둥기둥 줄이 울면 초가삼간 달이 뜨고
흐느껴 목메이면 꽃잎도 떨리는데
푸른 물 흐르는 정에 눈물 비친 흰 옷자락

통곡도 다 못하여 하늘은 멍들어도
피 맺힌 열두 줄은 굽이굽이 애정인데
청산아, 왜 말이 없어 학처럼만 여위느냐

목마와 숙녀

박인환

한 잔의 술을 마시고
우리는 버지니아 울프의 생애와
목마를 타고 떠난 숙녀의 옷자락을 이야기한다
목마는 주인을 버리고 거저 방울 소리만 울리며
가을 속으로 떠났다 술병에 별이 떨어진다
상심한 별은 내 가슴에 가벼웁게 부숴진다
그러한 잠시 내가 알던 소녀는
정원의 초목 옆에서 자라고
학이 죽고 인생이 죽고
사랑의 진리마저 애증의 그림자를 버릴 때
목마를 탄 사랑의 사람은 보이지 않는다
세월은 가고 오는 것
한때는 고립을 피하여 시들어 가고
이제 우리는 작별하여야 한다
술병이 바람에 쓰러지는 소리를 들으며
늙은 여류 작가의 눈을 바라다보아야 한다
…… 등대(燈臺)에 ……
불이 보이지 않아도
거저 간직한 페시미즘의 미래를 위하여
우리는 처량한 목마 소리를 기억하여야 한다
모든 것이 떠나든 죽든

거저 가슴에 남은 희미한 의식을 붙잡고
우리는 버지니아 울프의 서러운 이야기를 들어야 한다
두 개의 바위틈을 지나 청춘을 찾은 뱀과 같이
눈을 뜨고 한 잔의 술을 마셔야 한다
인생은 외롭지도 않고
거저 잡지의 표지처럼 통속하거늘
한탄할 그 무엇이 무서워서 우리는 떠나는 것일까
목마는 하늘에 있고
방울 소리는 귓전에 철렁거리는데
가을바람 소리는
내 쓰러진 술병 속에서 목메어 우는데

님의 침묵

한용운

님은 갔습니다. 아아 사랑하는 나의 님은 갔습니다.
푸른 산빛을 깨치고 단풍나무 숲을 향하야 난 작은 길을
걸어서 참어 떨치고 갔습니다.
황금의 꽃같이 굳고 빛나던 옛 맹서는 차디찬 띠끌이
되야서, 한숨의 미풍에 날아갔습니다.
날카로운 첫 '키쓰'의 추억은 나의, 운명의 지침(指針)을
돌려놓고, 뒷걸음쳐서, 사러졌습니다.
나는 향기로운 님의 말소리에 귀먹고, 꽃다운 님의 얼골에
눈멀었습니다.
사랑도 사람의 일이라, 만날 때에 미리 떠날 것을 염려하고
경계하지 아니한 것은 아니지만, 이별은 뜻밖의 일이 되고
놀란 가슴은 새로운 슬픔에 터집니다.
그러나 이별을 쓸데없는 눈물의 원천을 만들고 마는 것은
스스로 사랑을 깨치는 것인 줄 아는 까닭에, 걷잡을 수 없는
슬픔의 힘을 옮겨서 새 희망의 정수박이에 들어부었습니다.
우리는 만날 때에 떠날 것을 염려하는 것과 같이, 떠날 때에
다시 만날 것을 믿습니다.
아아 님은 갔지마는 나는 님을 보내지 아니하얏습니다.
제 곡조를 못 이기는 사랑의 노래는 님의 침묵을 휩싸고
돕니다.

나와 나타샤와 흰 당나귀

백 석

가난한 내가
아름다운 나타샤를 사랑해서
오늘 밤은 푹푹 눈이 나린다

나타샤를 사랑은 하고
눈은 푹푹 날리고
나는 혼자 쓸쓸히 앉어 소주(燒酒)를 마신다
소주를 마시며 생각한다
나타샤와 나는
눈이 푹푹 쌓이는 밤 흰 당나귀 타고
산골로 가자 출출이 우는 깊은 산골로 가 마가리에서 살자

눈은 푹푹 나리고
나는 나타샤를 생각하고
나타샤가 아니 올 리 없다
언제 벌써 내 속에 고조곤히 와 이야기한다
산골로 가는 것은 세상한테 지는 것이 아니다
세상 같은 건 더러워 버리는 것이다
눈은 푹푹 나리고
아름다운 나타샤는 나를 사랑하고
어데서 흰 당나귀도 오늘 밤이 좋아서 응앙응앙 울을 것이다

광야

이육사

까마득한 날에
하늘이 처음 열리고
어디 닭 우는 소리 들렸으랴

모든 산맥들이
바다를 연모해 휘달릴 때도
차마 이곳을 범하진 못하였으리라

끊임없는 광음(光陰)을
부지런한 계절이 피어선 지고
큰 강물이 비로소 길을 열었다

지금 눈 내리고
매화 향기 홀로 아득하니
내 여기 가난한 노래의 씨를 뿌려라

다시 천고(千古)의 뒤에
백마 타고 오는 초인이 있어
이 광야에서 목 놓아 부르게 하리라

모란이 피기까지는

김영랑

모란이 피기까지는
나는 아직 나의 봄을 기다리고 있을 테요
모란이 뚝뚝 떨어져 버린 날
나는 비로소 봄을 여읜 설움에 잠길 테요

오월 어느 날 그 하루 무덥던 날
떨어져 누운 꽃잎마저 시들어 버리고는
천지에 모란은 자취도 없어지고
뻗쳐오르던 내 보람 서운하게 무너졌느니
모란이 지고 말면 그뿐 내 한 해는 다 가고 말아
삼백예순날 하냥 섭섭해 우옵내다
모란이 피기까지는
나는 아직 나의 봄을 기다리고 있을 테요
찬란한 슬픔의 봄을

하관(下棺)

박목월

관(棺)이 내렸다.
깊은 가슴 안에 밧줄로 달아 내리듯
주여
용납하옵소서
머리맡에 성경을 얹어 주고
나는 옷자락에 흙을 받아
좌르르 하직(下直)했다
그 후로
그를 꿈에서 만났다
턱이 긴 얼굴이 나를 돌아보고
형님!
불렀다
오오냐 나는 전신(全身)으로 대답했다
그래도 그는 못 들었으리라
이제
네 음성을
나만 듣는 여기는 눈과 비가 오는 세상
너는
어디로 갔느냐
그 어질고 안쓰럽고 다정한 눈짓을 하고
형님!

부르는 목소리는 들리는데
내 목소리는 미치지 못하는
다만 여기는
열매가 떨어지면
툭 하는 소리가 들리는 세상

나그네

박목월

강나루 건너서
밀밭 길을

구름에 달 가듯이
가는 나그네

길은 외줄기
남도(南道) 삼백 리

술 익는 마을마다
타는 저녁놀

구름에 달 가듯이
가는 나그네

가고파

이은상

내 고향 남쪽 바다 그 파란 물 눈에 보이네
꿈엔들 잊으리요 그 잔잔한 고향 바다
지금도 그 물새들 날으리 가고파라 가고파

어릴 제 같이 놀던 그 동무들 그리워라
어디 간들 잊으리요 그 뛰놀던 고향 동무
오늘은 다 무얼 하는고 가고파라 가고파

그 물새 그 동무들 고향에 다 있는데
나는 왜 어이타가 떠나 살게 되었는고
온갖 것 다 뿌리치고 돌아갈까 돌아가

가서 한데 얼려 옛날같이 살고 지고
내 마음 색동옷 입혀 웃고 웃고 지내고저
그날 그 눈물 없던 때를 찾아가자 찾아가

그 할머니

고 은

몇 해 전 겨울이었지요 앞산 골짜기에서
울음소리 훌쩍훌쩍 들렸습니다
다가가서 우는 할머니 달래었습니다
남의 집 식모살이라 울 데도 없어
여기 나와서 혼자 우는 것이었지요
바로 어제가 세상 떠난 그 양반 제삿날이라
메 한 사발 올리지 못하고 밤을 새워서
오늘 아침 울음으로나 잠깐 제사 지내는 것이지요
나야 별소리로 더 달랠 수 있다지만
우는 할머니 따라 내 설움으로 함께 울었습니다

빼앗긴 들에도 봄은 오는가

이상화

지금은 남의 땅- 빼앗긴 들에도 봄은 오는가?

나는 온몸에 햇살을 받고
푸른 하늘 푸른 들이 맞붙은 곳으로
가르마 같은 논길을 따라 꿈속을 가듯 걸어만 간다

입술을 다문 하늘아, 들아,
내 맘에는 내 혼자 온 것 같지를 않구나!
네가 끌었느냐, 누가 부르더냐. 답답워라, 말을 해 다오

바람은 내 귀에 속삭이며
한 자욱도 섰지 마라, 옷자락을 흔들고
종다리는 울타리 너머 아씨같이 구름 뒤에서 반갑다 웃네

고맙게 잘 자란 보리밭아,
간밤 자정이 넘어 내리던 고운 비로
너는 삼단 같은 머리털을 감았구나, 내 머리조차 가뿐하다

혼자라도 가쁘게나 가자
마른 논을 안고 도는 착한 도랑이
젖먹이 달래는 노래를 하고, 제 혼자 어깨춤만 추고 가네

나비 제비야 깝치지 마라
맨드라미 들마꽃에도 인사를 해야지
아주까리기름을 바른 이가 지심 매던 그 들이라
다 보고 싶다

내 손에 호미를 쥐어 다오
살진 젖가슴과 같은 부드러운 이 흙을
발목이 시도록 밟아도 보고, 좋은 땀조차 흘리고 싶다

강가에 나온 아이와 같이,
짬도 모르고 끝도 없이 닫는 내 혼아
무엇을 찾느냐, 어디로 가느냐, 웃어웁다, 답을 하려무나.

나는 온몸에 풋내를 띠고,
푸른 웃음 푸른 설움이 어우러진 사이로
다리를 절며 하루를 걷는다 아마도 봄 신령이 지폈나 보다

그러나 지금은- 들을 빼앗겨 봄조차 빼앗기겠네

서시

윤동주

죽는 날까지 하늘을 우러러
한 점 부끄럼이 없기를,
잎새에 이는 바람에도
나는 괴로워했다.
별을 노래하는 마음으로
모든 죽어 가는 것을 사랑해야지
그리고 나한테 주어진 길을
걸어가야겠다.
오늘 밤에도 별이 바람에 스치운다

귀천

천상병

나 하늘로 돌아가리라
새벽빛 와 닿으면 스러지는
이슬 더불어 손에 손을 잡고,

나 하늘로 돌아가리라
노을빛 함께 단둘이서
기슭에서 놀다가 구름 손짓하면은,

나 하늘로 돌아가리라
아름다운 이 세상 소풍 끝내는 날
가서, 아름다웠더라고 말하리라……

김호찬 연보(金昊讚 年譜)

1. 출신(出身)

- 생년월일: 1939년 7월 24일(음)
- 출생지: 경상남도 김해시 진례면 시례리 408-2

2. 학력(學歷)

1946. 4.~1952. 3.	진례초등학교 졸업
1952. 4.~1955. 3.	진영중학교 졸업
1955. 4.~1958. 3.	경남상업고등학교 졸업
1958. 4.~1964. 2.	부산대학교 상과대학교 상학과 졸업
1961. 4. 12.~1962. 10. 12.	육군입대 학적보유병으로 귀휴 제대 (군번 0028168 육군 제5368부대 제2대대 제5중대 화기소대 근무)
1972. 3.~1974. 2.	경희대학교 경영대학원 세무관리학과 석사과정 졸업

3. 경력(經歷)

1963. 5.~1966. 6.	부산시 서구청 근무
1966. 6. 20.~1977. 3. 10.	국세청 근무
1977. 3. 10.~1982. 11. 30.	동국무역주식회사 근무
1977. 3.~1997. 12.	경희대학교 경영대학원 세무관리학과 강사 역임
1982. 12. 01~현재	세무사업 경영

4. 자격(資格)

- 세무사: 제14회 세무사고시 합격 재정경제부 장관 수여
- 경영지도사: 제1회 경영지도사시험 합격 산업자원부 장관 수여

5. 저서(著書)

- 『소득세법 사례』(1975. 조세사)
- 『판매수익비용과 세무관리』(1993. 한국세정신문사)
- 『사례 중심 세무회계』(1993. 한국세정신문사)
- 『배 의사 가족의 여행과 세금 이야기』(2011. 푸른 향기)
- 『바람 속에 세월 속에』(2008. 푸른 향기)
- 『부족함이 희망을 부른다』(2012. 푸른 향기)
- 『내일의 태양은 더 밝고 뜨거우리』(2012. 푸른 향기)
- 『어제 오늘 그리고 내일』(2013. 문학신문사)
- 『행복은 만들어지는 것이기에』(2014. 문학신문사)
- 『내일의 하늘은 더 맑고 푸를 거야』(2015. 문학신문사)
- 『그대가 있어 내일은 밝을 거야』(2016. 문학신문사)
- 『내일이 있어 미소 짓다』(2017. 문학신문사)
- 『갈매기의 꿈』(2018. 문학신문사)
- 『사랑 이야기』(2020. 문학신문사)
- 『희망의 속삭임』(2021. 문학신문사)
- 『희망이여 아름다움이여』(2022. 문학신문사)
- 『황혼의 샘터』(2024. 문학신문사)
- 『황혼의 길목에서』(2025. 세종문화사)

6. 문학상 수상

- 한글문학상 수상(수필 부문 2013년)
- 세종문학상 수상(수필 부문 2014년)
- 2017 우수작가상 수상(2017년)
- 박종화문학상 수상(2024년)

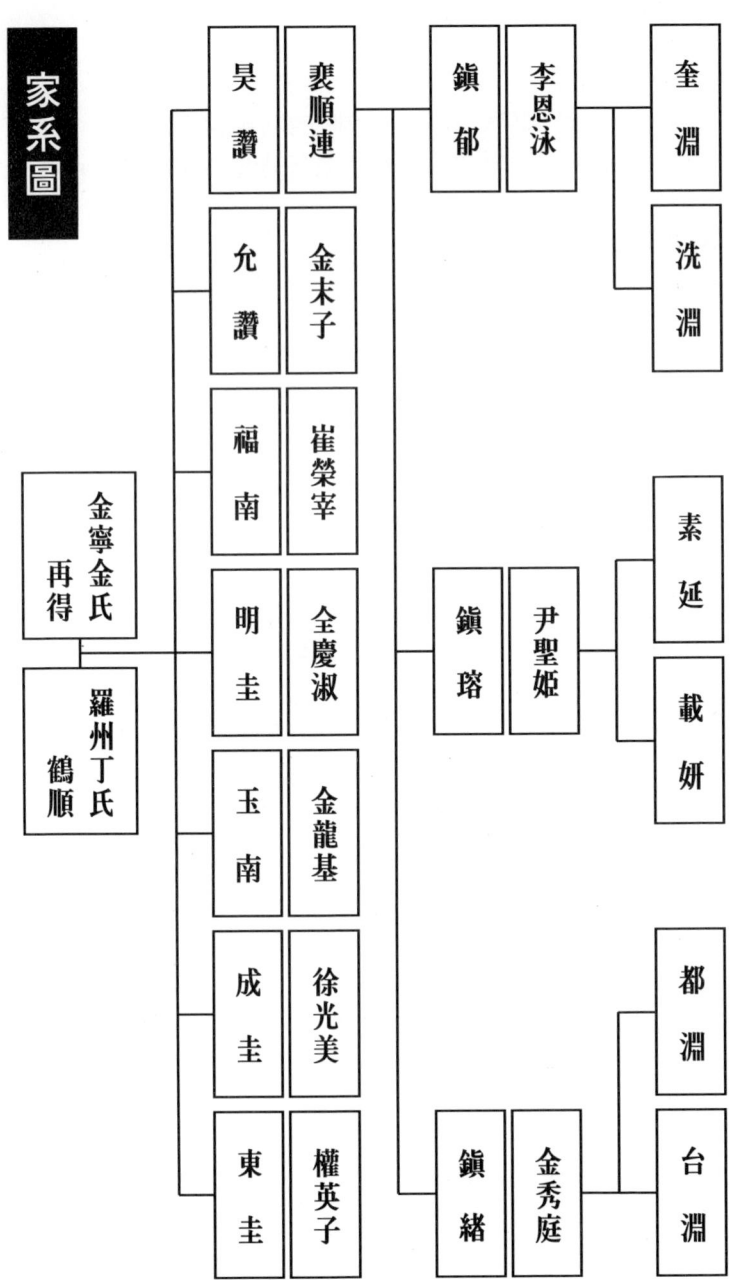

김호찬 수필집
황혼의 길목에서

제1판 1쇄 발행 · 2025년 8월 25일

지은이 · 김호찬
펴낸이 · 이석우
펴낸 곳 · 세종문화사
편집 주간 · 김영희

주소 · (03740)
　　　　서울 서대문구 통일로 107-39, 222호
　　　　E-mail: eds@kbnewsnet
전화 · (02)363-3345
팩스 · (02)363-9990

등록번호 · 제25100-1974-000001호
등록일 · 1974년 2월 1일

ISBN 978-89-7424-215-2　　03810

값 20,000원